# コーダ

きこえない親の通訳を担う子どもたち

中津真美 著

金子書房

# はじめに

「コーダ」（CODA：Children of deaf adults）とは，きこえない／きこえにくい親（以下，きこえない親）をもつ，きこえる子どものことを指します。本書でもまた，「コーダ」という言葉を用いることにしました。きこえない親の表し方については，親の多様なアイデンティティを鑑みて，「きこえない親」「きこえにくい親」や「ろう者」「難聴者」というような使い分けはせずに，「きこえない親」に統一しました。ただし，表現を使い分けることで意味が伝わりやすくなる箇所については，「ろう者」「難聴者」という表現も用いています。

かなり年月を遡りますが，筆者自身の経験を書いてみます。

筆者も，きこえない父をもつコーダです。父がきこえないことは，なんだか特別なのだなと感じたのは，小学3年生のときでした。

父の日が近づく学校で，「私のおとうさん」というタイトルの作文を書く授業があり，「私のおとうさんは，耳がきこえません。でも，とってもいいお父さんです」と書きました。親がきこえないことを，ごく普通に，親のちょっとした特徴として書いたつもりでした。そうしたところ，担任の先生が「あなたは，偉いわね。きこえないお父さんのことを作文に堂々と書けるようになって，成長しましたね」と褒めてくれました。筆者は，先生に褒められた嬉しさもありましたが，それ以上に，褒められていることの意味がわからず，「あれ，もしかしたら親がきこえないことは，作文に書くことを躊躇してしまうような，何か恥ずかしい，隠すような特別なことと周囲は思っているのかもしれない」と考え始めました。その後，数年間，「なぜ先生は，私を褒めてくれたのだろう」と考え続けました。

そして，あるとき思いました。「そうか，先生は，きこえない人のことを知らなかっただけなのだ。だったら私は，きこえない人や，私のようなきこえない人の家族のことを知ってもらえるような仕事をしよう」と。

それからずいぶんと，ときが経ち，筆者のような子どもに「コーダ」という名前があると知りました。知ったきっかけは覚えていませんが，コーダという言葉を知ってからの筆者は，自分以外のコーダが，どのような気持ちでそれぞれの人生をあゆんでいるのか知りたい気持ちにかられました。おそらく，今もなお大半のコーダがそうであるように，筆者も他のコーダと会う機会などまったくありませんでしたから。

　既に地方から上京して何年も経ち，親から見よう見まねで覚えた手話さえ忘れかけていた頃でしたが，思い切って地域の手話サークルに足を踏み入れました。筆者はそこでコーダを探し，ようやく自分以外のコーダに巡り合うことができました（とても嬉しかったことを，覚えています）。他のコーダと話をして感じたことは，「違うけど同じ」「同じだけど違う」でした。

　その後，少しずついろんなコーダと出会う機会に恵まれ，自分以外のコーダの生い立ちを知っていく中で，多くのコーダに共通する経験に，「きこえない親への通訳の役割」があることに気づきました。それは，一般にイメージされる手話通訳者などが行う通訳というよりは，日常に溢れる音や人の声をそのつど親に伝える役割です。まるで，親とのコミュニケーションの延長線上のような，コーダの家庭内に溶け込んだ当たり前の感覚としての通訳です。コーダのみなさんであれば，「そうそう，そんな感じ」ってわかっていただけるでしょうか。ただ，コーダたちの話をきいていると，成長するにしたがって，当たり前だった通訳は，いろいろな感情が伴う役割に変わっていくようでした。

　もちろん，親の通訳をすることが当たり前という気持ちのまま大人になったコーダや，そもそもそこまで通訳をしてこなかったコーダもいましたし，ずっと通訳が楽しいままのコーダもいました。一方で，とくに中学生や高校生になるにつれて，通訳への負担感が増していったり，通訳はやりたくないけどやらなければいけないと葛藤したりする気持ちを抱いていくコーダもいました。コーダの状況や気持ちは，本当にさまざまなのだと思いました。

　そして，よくよく話をきくと，コーダたちが経験してきたと語る通訳の場面には，子どもであるコーダが担うにはあまりにも難しいと思われるような，銀行や生命保険の手続きや，親の仕事の採用面接，親戚間での相続の話などもあ

りました。

　通訳の負担感からでしょうか，コーダの中には，通訳を嫌だと思う気持ちが，やがて親に対する否定感にまでつながっていったと話す人もいました。

　　「通訳が嫌というのと親が嫌いというのは，もう一緒だったと思う。っていうか，もう，味噌もくそも一緒って気持ち。どれが原因かなんてわからんから。もう親も通訳も何もかもが嫌になった」

　多くのコーダはそうはいっても，やがて大人になる頃には，親のきこえないことを受け入れていくようでした（このことは，第4章に詳しく書きました）。けれども第4章第4節に書いたように，親を受け入れる時期がとんでもなく遅くなってしまうコーダもいるのです。

　「あれ？　コーダって，このままでいいのかな？」と感じました。もしかしたら，コーダには，ちょっとしたサポートが必要になることも，場合によってはあるかもしれないと思いました（もちろん，すべてのコーダにサポートが必要なわけではありません）。

　小学3年生のときの，学校での経験がよみがえりました。世の中に，コーダのことを知ってもらいたいと強く思いました。けれども，それを周囲に話しても，返ってくる言葉は同じ。「コーダはきこえるのに，なんで知ってもらう必要があるの？」。必要だから必要なんです，としか答えられなかった筆者は，コーダを科学的に研究しようと決めました。そして今に至ります。根拠をもって，コーダの本当のことを伝えたいというのは，今もなお筆者の研究活動の源です。

　本書では，きこえない親への通訳の役割をめぐり揺れ動くコーダの気持ちと，親子関係のダイナミズムに迫りながら，コーダときこえない親には何が起こりうるのかということを，たくさんのコーダと親の語りを取り上げて包括的に解説します。コーダの通訳の経験や親との関係性は，とてもさまざまであるといえますが，ではいったいどのようにさまざまなのかというコーダの多様性につ

いても科学的に分析した結果をもとに説明していきます。

　本書は，主にはコーダの青年期を中心に考察しています。そのため，中高生のコーダにも手に取ってほしいという願いを込めて，わかりやすい表現を心がけました。そして少し先ゆくコーダの先輩の語りも，たくさん載せました。コーダのみなさんが，親子関係の中でふと不安になることがあるときに，先の見通しをもつための一つの手掛かりとして，この本を役立ててもらえたらと思います。また，既に大人になったコーダの方々にも，過去を振り返り自分自身を見つめ直すための手立てとして，この本を活用していただければ嬉しいです。ろう者や難聴者をはじめ，きこえない世界に携わる方々にも，身近にコーダがいるならば，ぜひそのコーダたちを思い浮かべながらお読みください。きこえない子をもつ保護者にも，子どもがいつか大人になり，子育てをするとき起こりうることに思いを馳せてもらえればと思います。また，行政・教育・福祉等の関係者の中でもとくにヤングケアラーに関わる方々には，この本を通じてコーダを取り巻く環境について知っていただきたいと考えています。広く一般の方々にも，他とは少し異なる家庭で生まれ育ったコーダの気持ちに想いをめぐらせていただければ幸いです。

　もしも社会がコーダに対して，「きこえない親の子どもだから手話がうまい」，「苦労している子ども」，「通訳を一生懸命頑張っている親孝行な子ども」など固定のイメージにとらわれるようなことがあるならば，この本を根拠に，「それらのイメージは一概にはいえないよ」と説明してほしいと思いますし，そのように活用できる一冊でありたいと願っています。この先，もしもどこかでコーダと出会うことがあれば，この本を思い出していただければ幸いです。

　本書に綴ったのは，きこえない親をもつコーダという子どもたちの物語です。たくさんのコーダの気持ちに触れていただければ嬉しく思います。

　2023年6月

中津　真美

# 目　次

# 序章
# この本を読むにあたって

## 1．通訳の役割に注目した理由

　近年では，手話通訳者や文字通訳者などの通訳派遣制度が，昔と比べて格段に整備されつつあり，また，音声認識アプリ[1]で音声を文字化するなどといった情報通信技術も日々進展しています。電話リレーサービスの制度[2]も，令和3（2021）年7月から公共インフラとして開始されました。筆者がまだ幼かった頃のきこえない人々を取り巻く環境を思い起こせば，その整備は，みちがえるほど前進したと感じています。

　それでも，この社会には，たとえば街を歩けば車のクラクションの音や電車のアナウンス，店員さんの声が流れ，家に帰ればテレビの音声や電化製品から鳴り出すピッピッといった音がきこえてくるなど，日常的にありとあらゆる音

---

1) 話者の音声等を文字変換するアプリです。アプリをスマートフォンなどにインストールし，起動させて音声で話をすると文字化されます。無料で利用できるものも，いくつかあります。静かなところで明瞭に話すなどの工夫を加えることで，より認識精度が高まります。
2) 聴覚や発話に困難のある方とそれ以外の方との会話を，通訳オペレータが手話または文字と音声を通訳することにより，電話で即時双方向につなぐサービスです。

が溢れていますから，きこえない親が生活上のすべての音の情報を入手することは難しいといえます。きこえる多数派に使い勝手のよいように作られた，音声や音の情報が中心のこの社会では，きこえない親が情報を得られない場面はまだまだ存在します。それゆえに，きこえるコーダが通訳の役割を担う場面は，今もなおどうしても発生します。

## 1）本書での「通訳」とは

　本書でいうコーダの「通訳」とは，「第三者が音声で語った内容や，その他の音情報を親に伝えたり，親が何らかの方法で発言した内容が第三者に伝わらないようであれば，代わりに伝えたりする役割」を指します。たとえば，「家にお客さんが来たときのチャイムの音を，親に知らせる」ことや，「冷蔵庫が開けっ放しになっているときのアラーム音を，親に教える」といったような，ごく日常の生活場面にある音の情報を伝えることも「通訳」に含めました。

　本題に入る前に，この本がなぜコーダの通訳の役割に注目したのかについて，2つの視点からお話しします。

## 2）なぜコーダの通訳の役割に注目したのか

### ◆通訳という固有のケア役割を明らかにするために

　コーダの生まれ育った環境や気持ちは，本当にさまざまですから，コーダ同士が集まってお互いの経験を話すと，同じコーダであってもこれほどまでに異なる環境の中で，異なる気持ちをもって人生をあゆんできたのかと驚くこともあります（どのコーダのエピソードも，たまらなく愛おしいのですけどね）。「はじめに」でも少し触れたとおり，筆者はこれまで，いろいろな背景をもつコーダと出会う機会に恵まれてきましたが，その中には，大人が担うような重い責任を引き受けて，犠牲感を抱きながらも通訳の役割を果たそうとして子ども時代を無くしてしまったと語る，いわば「元ヤングケアラー」と思わせるようなコーダも存在しました。

　ヤングケアラーという言葉を聞いたことはあるでしょうか。日本においてヤ

ングケアラーとは，こども家庭庁のホームページ[3]には，「本来大人が担うと想定されている家事や家族の世話などを日常的に行っているこどものこと」と定義されており，特設サイト[4]が作られています。一般社団法人日本ケアラー連盟でも，「家族にケアを要する人がいる場合に，大人が担うようなケア責任を引き受け，家事や家族の世話，介護，感情面のサポートなどを行っている18歳未満の子ども」とほぼ同義で用いられています。こども家庭庁と日本ケアラー連盟のホームページ[5]には，ヤングケアラーのケアの代表例が図示されていて，「障がいや病気のある家族に代わり，買い物・料理・掃除・洗濯などの家事をしている」などのケアと同列に，「日本語が第一言語でない家族や障がいのある家族のために通訳をしている」という，コーダがきこえない親に行う通訳の例も紹介されています。ただし，これはすべてのコーダがヤングケアラーという意味ではなく，コーダの中に，大人が担うようなケア責任を引き受けるヤングケアラーに該当するのであろう子どもたちも存在するという解釈です。

　コーダにおける通訳のケアとは，nonphysical（身体が触れ合わない）・linguistic（言語的）な性質を有していて，他の身体介助や家事の手伝いなどのケア役割とは，少し内容の質が異なるのではないかと考えています。また，通訳のケアは，一般の「ケア」という言葉のもつイメージと結びつきにくいのではないかと思っています。そのため，ヤングケアラーという言葉が社会に広まっていき，ヤングケアラーという大きな枠組みの中でコーダについても議論がなされるときには，通訳の役割を担うコーダに特化した資料が必要ではないかと考えたのも本書がコーダの通訳の役割に注目した理由の1つです。

　ヤングケアラーの観点からも，コーダに対して，社会に何ができるのか考えていきたいと思います。

---

3)　こども家庭庁「ヤングケアラーについて」https://www.cfa.go.jp/policies/young-carer/html（2023年5月20日閲覧）
4)　こども家庭庁「ヤングケアラー特設サイト」https://www.mhlw.go.jp/young-carer/（2023年5月20日閲覧）
5)　一般社団法人日本ケアラー連盟「ヤングケアラーとは」https://carersjapan.com/about-carer/young-carer/（2023年5月20日閲覧）

◆通訳の役割からコーダと親を取り巻く社会を見つめるために

　コーダにとって，親がきこえないことは，もともとは特別なことではないようです。生まれたときからの当たり前のことですから。しかし，コーダは成長するにつれて，通訳の役割を通して大人社会に関わることで，社会の"きこえないこと"に対する受け止め方や，きこえない親の置かれた社会的状況を目の当たりにすることがあります。ときにはコーダが，通訳をする場面で，きこえない親に対する社会の意識的・無意識的な差別や偏見を，子どもながらに一身に受けることもあります。そしてコーダは，親がきこえないことは，当たり前ではないのかもしれないと思うようになっていきます。

　コーダの通訳の役割について，コーダの目線で検討をして突き詰めていくことは，コーダと親を取り巻く社会の現状を知ることにつながるのではないかと思いました。この本を通して，社会の在り方を見つめ直していきたいと思います。


## 2.　各章の内容

　本書では，国内外の研究やたくさんのコーダの声をもとに，コーダの共通経験である通訳の役割と親子関係にまつわる事象についてまとめています。もちろん，コーダの置かれた状況はさまざまで，1つの形にまとめることは困難でしたが，概要と傾向をつかむことができました。

　本書は，全7章で構成し，通訳の役割を通したコーダの気持ちと親子関係を全体のテーマとしています。第1章と第2章では，コーダの通訳の役割を考えるうえで前提となる基礎的な背景知識などを整理し，第3章では，コーダの通訳の役割について概要をまとめました。それ以降の章は，通訳の役割を背景にした親子関係の様相を取り上げ，第4章では，コーダの児童期から成人期にかけて変わりゆくコーダと親の気持ちを追い，第5章では，コーダが親を守り親がコーダに頼る気持ちをより深く検討して，第6章では，コーダの親子関係の3つのかたちを考察しました。それらを踏まえて，最後の第7章では，コーダの健やかな未来のために，私たちに今，何ができるのかを考えました。

　コーダときこえない親を取り巻く状況について，今一度，社会全体で見つめ
直す契機が求められています。ただ親がきこえないというだけで，コーダが生
きづらくなるような世の中を終わりにするためにも，読者のみなさんと一緒に
考えていきたいと思います。

# 第 1 章
# コーダとは？

## 1．コーダの定義

　本書では，コーダとは「きこえない親をもつきこえる子ども」と定義します。コーダの国際組織であるコーダ・インターナショナル（CODA International）[1] でも，コーダとは，「きこえない親を一人以上もつきこえる人」と述べており，本書でも同じ定義を用いることにしました。

　ですから，両親ともきこえなくても，どちらか一方の親だけがきこえなくてもコーダです。また，親が，ろう者であるのか難聴者であるのかということや，コーダ自身が手話を使うのか使わないのかということにかかわらず，きこえる子どもはみんなコーダということができます。さらに，たとえば，育ての親がきこえないといったような場合でも，きこえない親をもつからこその経験をもとに仲間と気持ちが響きあうのであれば，コーダといえるのだそうです（澁谷, 2009）。

---

[1]　コーダ・インターナショナル（CODA International）https://www.coda-international. org/（2023 年 5 月 20 日閲覧）

## 2．コーダの人数

　ときどき，「コーダは何人いるの？」と尋ねられることがあるのですが，コーダの人口統計は，国内外で明らかにされていません。現時点で収集できる資料をもとに推定値を算出すると，国内では，おおよそ 21,000〜22,000 人程度のコーダが存在するのではないかと考えられています（中津・廣田，2020）。

　ところで，筆者は講演をするときにはいつもコーダの人口統計の話をするのですが，多くのコーダから，「自分のような存在は，世界に自分だけしかいないような孤独感をもって生きてきたけれども，親がきこえない子どもは日本のどこかに，こんなにたくさんいるのですね」と，安堵の声をきくことがあります。ただ，以前，とある大学生のコーダが，「最初にこの話をきいたときに，なーんだ，自分以外にこんなにもたくさんコーダがいるのか。自分は，全然珍しい存在じゃないなんて残念って思いました」と話してくれて，少数者集団であることを楽しむその感覚もまた，とてもいいなぁと思いました。

## 3．「コーダ」という言葉の始まり

　さて，コーダという言葉は，いつ頃，どのようにして作られ，どのように日本国内で広まっていったのでしょうか。時代を遡って確認してみます。

### 1）アメリカで作られた「コーダ」という言葉

　コーダという言葉は，1983年にアメリカで作られました（ブラザー，米内山・市田・本橋訳，1996）。きこえない両親をもつブラザー（Brother, M）さんが，他のきこえない親をもつ仲間との関係を継続するために，「Children Of Deaf Adults」の頭文字をとった「CODA」という名前のニュースレターを発行したことがきっかけです。なお，「CODA」という言葉は，音楽用語の

「coda」（楽曲や楽章の終結部を指す）にも由来し、「曲の本章（きこえない親）が無ければ、終結部（coda）は存在しない」という意味も重ね合わせられているのだそうです。

## 2）日本に「コーダ」という言葉が紹介されたときのこと

　日本では、D PRO（木村・市田，1996）という団体が主催したイベント「THE DEAF DAY '94」のときに、アメリカの手話学者グリアー（Greer, L.C.）さんのろう文化に関する特別講演の中で、コーダという言葉が初めて紹介されました。アメリカで、CODA という言葉が誕生してから11年後の1994年のことでした。翌1995年には、D PRO主催の「オータムスクール」というイベントに、ブラザーさんが招かれ、「デフ・コミュニティにおけるCoda の役割と展望——ろうの両親のもとで生まれ育った聴者として——」と題した講演が行われました（ブラザー、米内山・市田・本橋訳，1996）。先ほど説明をした、アメリカで CODA という言葉を作った、あのブラザーさんです。このイベントでは、「CODA の集い」というワークショップもあり、14人の日本のコーダが参加して、ブラザーさんの話を聞いてアドバイスも受けながら、「日本のコーダも、集まって何かをしたい」という思いを膨らませました。

　そして同年9月には、その14人のコーダが発起人となってコーダの会の準備委員会を発足し、翌1996年の「THE DEAF DAY '96」にてコーダの当事者グループJ-CODA[2] として正式に会を立ち上げました。それから、まもなく「J-CODA だより」を発行し（当初は FAX でした）、以降、各種のイベントが開催されるようになりました。その後、コーダのことが一気に周知されたのは、1999年の NHK「聴覚障害者のみなさんへ」という番組の中で、「ろう者の子

---

2）　コーダの会「J-CODA」https://jcoda.jimdofree.com/（2023年5月20日閲覧）。設立年度は、準備委員会発足時の1995年としている（2023年2月現在）。コーダが集まる全国的なセルフヘルプ機能をもつ団体。セルフヘルプの機能をもつ団体にはその他に、たとえば「山梨コーダの会」https://www.facebook.com/ 山梨コーダの会-1637015556561262/（2023年5月20日閲覧）などもある。

どもたちは今」というタイトルのもと，コーダについて放映されたときでした。当時，大きな反響を呼び，やがて，きこえない人々の間にコーダという言葉が定着していきました。

　なお，今，日本で広く用いられている「コーダ」という手話は，1995年の「オータムスクール」のイベントのときに会場にいた，コーダの星野正人さん（星野，1996）により発案されました。「コーダ」の手話とは，片手を「C」の形にして耳から口元へ，または，口元から耳へと動かして表します。

## 4．コーダから見た親との日常と外の世界

### 1）きこえない親との日常

　コーダ本人はきこえますが，きこえない親のもとで育ちますから，コーダの家庭には，きこえる親子の家庭とは少し異なる，きこえない親だからこその日常が存在することがあります。

　一例として，親子の日常の会話場面を想像してみます。たとえば，きこえる親ときこえる子どもは音声で会話をしますから，必ずしも目を合わす必要はありませんよね。けれども，コーダが親と会話をするときには，口を大きく開けて親に口形を読み取ってもらったり，手話や，コーダの家庭内でのみ使われるホームサインで話したり，また，豊かな表情や大きなジェスチャーを加えて伝えたりすることもあります。いずれにせよ，視覚的に伝える方法を重視しますから，コーダは親としっかりと目を合わせて会話をすることになります（コーダの親との具体的な会話の状況は，第2章で紹介します）。

　また，コーダが親を呼ぶときには，たとえば親が近くにいれば親の肩をトントンと叩いたり，少し離れていれば机を叩いて振動で呼んだり，部屋の電気を点けたり消したりして親に気づいてもらうようにしたりすることもあります。

　これらの親との日常は，大人になったコーダたちが，自分自身の原体験として，懐かしみ，愛おしみながら話すことがよくあります。そして，幼い頃のきこえない親とのやり方は，多かれ少なかれ自分の中に，しっかりと根付いてい

ると語るコーダたちもいます。

## 2）"きこえない親のもとで育ったんだなあって"

　コーダと話すときには，しっかりと目が合う気がしています。以前，コーダ研究報告会という会を開催して，全国から40数人のコーダが集まったとき，司会の筆者が話をしている間ずっと全員と目が合っていました。誰も下を向いていないことに，驚きました。ですが，考えてみたら当然のことかもしれません。どのコーダも，小さい頃から，親としっかりと目を合わせて生活をしてきたのですから。

　また，これも筆者の印象ではありますが，コーダ同士が集まるときにはいつも，それぞれの視線の使い方や微細な表情の変化から，声をきかなくても，誰が今どのような気持ちでいるのかがなんとなくわかるような気がするのです。不思議ですよね。また，実際に話すと，手話を習得しているコーダもしていないコーダも，また，親がろう者であっても難聴者であっても，なんだかみんな話に合わせて大きく手を動かしているように見えます。手話ではなく，自然に手を動かしているだけなのですが，みんな空間の使い方が見事で，見ていて惚れ惚れするほどです。

　少し別の観点になりますが，"親は手話で話すけど，自分は手話がほとんどわからない"という，あるコーダの語りを紹介します。手話は習得していなくても，自分の中に手話という言語がしっかりと息づいていると感じた瞬間の話です。

　　「今お付き合いしている彼から，今度，お母さんも一緒においしいものでも食べに行こうって言われて。でも彼，手話できないしって言ってて，あたふたしてるから，すごい簡単な，おいしいとかの手話を教えるんだけど，彼はできないの。"あれ？　左だっけ，右だっけ，こうだったっけ"って逆になったり，っていうのを見たら，"あ，私，自然に手話が入ってきてるんだな"って。新しい手話をみても，だいたい何を表してるのか想像ができるし。でも，普通の人って，説明をしないとわからないんだなっ

て。私，手話できないけど，きこえないお母さんのもとで育ったんだなあって，すごく思った。ちょっとおもしろい」

### 3）"自分の家は何か違う"

　コーダは，家庭内にあるきこえない親との日常と，学校など家庭の外にあるきこえる社会とのふたつの場所でのふるまいを自然に使い分けて，行き来しているようにも見えます。「自然に」と書いたのは，コーダにとって，親との日常ときこえる社会の双方は，物心ついた頃からあまりに当然のように自分の生活の中に存在しているものですから，意識的に使い分けてきたという人はあまりいないかもしれないなと思ったからです。たとえば幼い頃に，保育園やおばあちゃんの家に行ったときに，「おうちの外では声を出していいのよ」と言われるなど周囲から指摘されて，家と外で意識的に使い分けるようになったと語るコーダもいますが，多くのコーダは青年期にさしかかる頃かその少し前くらいになってようやく，「あれ？　自分の家は，友だちの家と何か違う」と気づき始めるようです。

　そこで，コーダはどう思うのかといえば，「友だちと違っていても，それが自分」と受け止めるコーダもいれば，「ふーん，ま，そんなものか」と軽く受け止めるコーダや，「私の家，なんかおもしろいかも」と友だちとの違いを楽しむコーダもいます。コーダだからこそ豊かな経験を積むことができ，友だちも知らないような世界を知ることができていると，自分自身の生い立ちを，他にはないユニークなものと捉えるコーダもいます。一方で，青年期の発達時期に特有の他者意識の高まりなどから，人と違うことに対して考え込んでしまったり，激しい孤独感を覚えたりするコーダもいます。

　話はアメリカの研究の内容に飛びますが，自身もコーダである Preston は，コーダ150人にインタビュー調査を行った結果，「多くのコーダにとって，曖昧なアイデンティティのパラドックスは大人になっても続き，多くのコーダは聴者（きこえる人）の世界に身を置いているように見えても，聴者と一緒にいることに必ずしも居心地のよさを感じているわけではなく，また自分自身が聴者であるとは必ずしも認識していないようだった」と報告しています

(Preston, 1995)。きこえる社会に多少の違和感があるような感覚をもっていて，友だちとは違う，独自の感覚をもつコーダもいるといいます。


## 5．「コーダ」という言葉があることの意味

　「コーダという言葉は必要なの？」と疑問に思う方も，もしかしたらいるかもしれません。ですが筆者は，きこえない親をもつきこえる子どもをコーダと称し，発信していくことは，とても大切なことと感じています。コーダという言葉は，ときにコーダのお守りになると考えているからです。

　以前の筆者もそうであったように，おそらく大半のコーダにとって，自分以外のコーダと出会う機会は少ないものと思います。また，先ほど説明したように，コーダには固有の孤独感が生まれてしまうこともあります。そのようなときに，コーダという言葉があれば，「きこえない親をもつ子どもは，自分以外にもいるはず」と，安心感を得ることができるかもしれません。さらに，自分について知りたくなったときに，コーダというキーワードがあれば格段に調べやすくなりますし，仲間を探しやすくもなります。他者への説明を，容易にすることもできるかもしれません。最近「コーダ」という言葉を知った，あるコーダの方から，このようなメッセージをいただきました。


　　　「自分は，これまで誰にも理解されず，独りぼっちという気持ちがとても大きかったです。でもコーダという言葉を知り，自分のような境遇の子どもは自分だけじゃなかったとわかっただけで救われ，心強く，今とても充実した気持ちになっています」


　他のコーダと会ったわけではなく，ただ「コーダ」という言葉を知っただけで充実した気持ちになれるとは，不思議な言葉だなと思います。
　また，もしも何か（コーダゆえの）生きづらさを感じているコーダがいるとします。コーダの生きづらさとは，周りから見えづらく，本人でさえも非常にわかりにくいものです。ですから，コーダが，「どうしてかはわからないけれ

ども，周りと同じようにふるまえない」と感じたときに，自分に何か問題があるのではないかと，自己のパーソナリティに原因を置いて，自分を否定的に捉えてしまうことがあります。

　そのときに，コーダという言葉があって，「その生きづらさは，コーダがもちやすい傾向にあるもの」と整理できれば，自分のパーソナリティと（コーダゆえの）生きづらさをきちんと切り離すことができます。自分を否定的に捉えることなく，気持ちが楽になるかもしれません。ですから私は，コーダという言葉をとても大切にしています。

　それぞれのコーダに，それぞれの人生のタイミングがありますから，コーダであっても常にコーダという言葉を必要とするわけではありません。コーダという言葉は，特別感があってなんだか嫌だなあと思う人もいるかもしれません。しかし，コーダの人生の中で，もしもこの言葉を必要とする瞬間がくるのであれば，そのときには，この言葉を大いに活用してもらえればと思います。

　読者の方々には，もしもこの先に，コーダという言葉をまだ知らないコーダと出会うようなことがあれば，さりげなくそっと，「あなたのような子どもたちのことを，コーダと言うらしいよ」と伝えていただければ嬉しく思います。

# 第2章
# コーダときこえない親との会話状況

　コーダは，きこえない親とどのように会話をしているのでしょうか。第3章以降は，コーダの通訳の役割や親子関係の話になっていくのですが，その前に，この章ではとくに青年期のコーダと親との会話の状況について述べたいと思います。

## 1．コーダと親との会話方法

### 1）コーダ自身が考える第一言語

　日本で，コーダの言語意識について調べた研究があります（中島，2019）。ろう者の親をもつコーダ30人に，第一言語と第二言語を尋ねたところ，

　　①手話が第一言語で，日本語が第二言語　2人
　　②手話も日本語も第一言語だが，手話の方が得意　2人
　　③手話も日本語も第一言語だが，日本語の方が得意　13人
　　④日本語が第一言語で，手話が第二言語　8人
　　⑤日本語のみが第一言語　2人　　　　　　　　　（有効回答は27人）

という結果になり，コーダの言語意識は均一でないことが示されました。この結果を見て，「あれ？　コーダの第一言語は手話じゃないの？」「思っていたイメージと違うなぁ」と感じた人もいるでしょうか。

　コーダ自身が考える第一言語が必ずしも親の言語（手話）でないことについては，コーダが親から手話を受け継ぐ機会が家庭内に限られてしまうことや，コーダはきこえるという理由から，音声言語の世界で生きることを当然視する親が多くて，コーダに手話を継承しようとする意識そのものが低いことが挙げられています（中島，2019）。また，別の研究でも，コーダは成人までに手話を学習できる場が限られていたり，手話に福祉的要素があって継承語として見られにくかったりする点を指摘しています（安東，2022）。本書を読みすすめるにあたって，まずは，これらのことを理解してほしいと思います。

　なお，これ以降，口話（こうわ）という言葉が出てきますが，本書における口話とは，「コーダが口をはっきりと開けてゆっくり話し，親がコーダの口の形を読み取って，何を話しているかを推測する会話方法。コーダが声も出し，親が（保有聴力を活用して）ききとれる範囲できくとることもある」と定義付けます。

## 2）「コーダはみんな手話がうまい」は実態と違う

　筆者たちも，13歳から54歳（平均26.0歳）までのコーダ104人に協力をしてもらい，アンケート調査を行いました（中津・廣田，2020）。このアンケートは，コーダの青年期（13歳から22歳）[1]の状況を明らかにすることを目的とした調査でしたので，23歳以上のコーダの方々には，青年期の頃を思い浮かべながら回答してもらいました。

　親との会話方法について，「きこえない親と，どのような方法で会話をしますか？　使用する方法すべてお答えください」と質問し，得た回答をまとめたのが表2.1 です。親と会話をするときに，手話を使うと回答したコーダが92人（88.5％）と多く，次に口話が74人（71.2％）と続き，身振りと筆談ほ

---

1）　本書では，Ericson のライフサイクルの8段階（Erikson，1982 村瀬・近藤訳，1989）を参考に，日本の学校制度も参照し，児童期を6〜12歳，青年期を13〜22歳，成人期を23歳以降に分類します。

かも同じくらい（71人，68.3％）使われていました。どの方法も，104人中70人以上のコーダが「使う」と回答していました。多くのコーダは，親と複数の方法を組み合わせて会話をする状況が想像できます。先ほど，コーダ自身が考える第一言語は均一ではないという研究を紹介しましたが，筆者たちの調査からも同様の傾向が見られました。

　そこで，次に，コーダはどの方法を組み合わせて親と会話をしているのかを確認してみました。すると，表2.2のとおり，「手話・口話・身振り・筆談ほか」と，あらゆる方法を組み合わせて親と会話をするコーダが48人（46.2

表2.1　親とどのような方法で会話をしますか？
（中津・廣田，2020をもとに作成）

|  | 方法 | 人数 | ％ |
|---|---|---|---|
| 1 | 手話 | 92 | 88.5 |
| 2 | 口話 | 74 | 71.2 |
| 3 | 身振り | 71 | 68.3 |
| 4 | 筆談ほか | 71 | 68.3 |

コーダ104人の回答（複数回答可）

表2.2　親とどのような方法を組み合わせて会話をしますか？
（中津・廣田，2020をもとに作成）

|  | 併用する方法 | 人数 | ％ |
|---|---|---|---|
| 1 | 手話・口話・身振り・筆談ほか | 48 | 46.2 |
| 2 | 手話のみ | 15 | 14.4 |
| 3 | 手話・身振り・筆談ほか | 15 | 14.4 |
| 4 | 手話・口話 | 14 | 13.5 |
| 5 | 口話・身振り・筆談ほか | 8 | 7.7 |
| 6 | 口話のみ | 4 | 3.8 |

コーダ104人の回答

％）であり，全体の半数近くを占めました。「手話・身振り・筆談ほか」と，口話以外の複数の方法を用いるコーダも 15 人（14.4％），「手話・口話」が 14 人（13.5％），手話はまったく使わず「口話・身振り・筆談ほか」が 8 人（7.7％）でした。一方で，「手話のみ」と回答したコーダは 15 人（14.4％）で，「口話のみ」が 4 人（3.8％）という結果でした。

　以上のとおり，この調査では 104 人中 85 人と多数のコーダが，複数の方法を用いて，きこえない親と会話をしている状況が明らかになりました。

　コーダは周囲の人々から，「コーダだから手話がうまいでしょ」とイメージされることもあるのですが，それは必ずしも実態に即したものではないということを，ここでお伝えしたいと思います（もちろん，とても手話が上手なコーダもいます。それぞれなのです）。

### 3）複数の方法を使って親と会話をする

　コーダが，"複数の方法を使って親と会話をする"という状況について，いまひとつピンとこないと思う方もいるかもしれません。一例を，具体的に紹介します。

　まず，コーダ側から親に話をするとき，親がコーダの口の形を読み取る場合は，コーダは親に顔を向けながら，口を大きく動かして話します。親が補聴器などを使って声もきける範囲できく場合には，コーダは，はっきりゆっくりと大きめの声で話します。コーダはこれらの方法を，小さい頃から自然に身につけていくようです。次のように語るきこえない親がいました。

　　「子どもたちは，口を大きくゆっくり動かして話す方法を，親子の会話の中で自然に身につけていったようです。だから，難聴の妻に話しかけるときと，私に話しかけるときでは，子どもたちは話し方が違うんです。どうしてかというと，私の方がもっと，ききとりにくいからなんです。だから，私に合わせて，もっとゆっくり口を動かしてると思うんです。それも子どもたちが，そう話す方が私には伝わりやすいって思って，自然に身につけていったんだと思います」

また，その他にもコーダは家庭内でのみ使われるホームサインを使うことも
あります。ただ，それだけでは親にすべての情報が完全には伝わらない場合も
あり，身振りや空書（空間に指を動かして文字を書く方法）といった視覚的情
報を用いて補うこともあります。より正確に伝えなければならない場面では，
筆談をしたり，スマホなどに文字を入力して伝達したりする方法も併用します。
　親からコーダに話をするときには，手話や，手話に音声を併用したり，音声
のみでコーダと会話をしたりすることもあります（親の会話方法も，とてもさ
まざまです）。
　以上のように，あらためてコーダときこえない親との会話の状況を確認する
と，さまざまな方法が用いられていて，とても多様なことがわかります。また，
それらの方法は，それぞれの親子の間で模索をしながら形作られていく様子
が想像できます。ですから，たとえばコーダのきょうだいの間でも，（親は同
じであっても）親との会話方法が異なることもあるのです。Pizer の研究でも，
20歳から66歳のコーダ12名に，家族の中での言語使用やコミュニケーショ
ンに関してインタビューをしており，インタビューに応じたコーダ自身は，あ
る程度は手話を習得していても，きょうだいはまったく手話を習得していない
という人が何人もいたことが報告されています（Pizer，2007）。


## 4）自分がどれほど手話を習得しているか，わかりにくい

　ここまでで，親が日常的に手話で会話をする場合でも，必ずしも全員のコー
ダが手話を習得しているわけではなく，コーダがどれほど手話を習得している
かには個人差があると説明をしてきました。たとえば，小さな頃から手話も
習得して，「親との会話は手話だけ」と回答するコーダも少数ですがいますし，
手話だけでは意思疎通が難しくて，ありとあらゆる方法を用いて，とにかくな
んとか親に伝えるというコーダもいるというのが現状です。
　コーダ同士が集まるセルフヘルプ・グループで，自分たちの経験をワイワイ
と話すことがあるのですが（私もひとりのコーダとして参加しています），そ
のときにも，「自分は手話ができない」と言うコーダは，わりと多いような印

象を受けています。実際には，多くのコーダは手話をそれなりに覚えているのですが，「親ほど手話ができるわけではない」「親と難しい会話はできない」「親から，あなたの手話は下手だと言われる」などいくつかの理由から，自分は手話ができないと過小評価をしがちな傾向があるように見えます。

　ちなみに，筆者は逆のパターンでした（コーダもいろいろですね）。筆者は，思い起こせば父との通じなさは物心ついたときからの当たり前のことでしたから，父との会話というのはそういうものだと受け止めていました。今思えば，幼い頃の筆者はとても拙い手話しかできていなかったのに，自分は手話ができて，父とも話が通じていると思い込んでいたのです。自分がもっと手話をきちんと覚えていれば，もっと父と深い会話ができたと気づくまでに，時間がかかってしまいました。筆者が幼い頃に，もしも自分より少し先を行くコーダの先輩と出会えていたとしたら，コーダの先輩の体験談をきいたり，アドバイスをもらったりしながら，コーダとしての自分を見つめ，そのことに早く気づけたのかもしれないと思いをめぐらすことがあります。

　話を戻しますが，コーダがどれほど手話を習得しているかには，個人差があります。そして筆者のように，自分自身の手話習得度がどれほどなのか，正確に把握しないまま大人になるコーダも多いのではないかと思われます。

## 2．コーダと親との会話は，どれくらい通じるの？　　　　⋯⋯⋯⋯⋯⋯⋯

　ここまで，コーダときこえない親との会話方法について確認をしてきましたが，"ありとあらゆる方法を用いて親と会話をする"コーダがいるということからは，「もしかしたら，コーダは親と，会話が十分に通じないこともあるの？」という疑問がわきます。そこで，ここからは，コーダと親の会話はどれくらい成立するのかについて整理をしていきます。

　Preston によるインタビュー調査では，18歳から80歳のコーダ150人のうち5分の1が，親との会話に手話を使わずに口話や身振り，筆談などを用いていると回答しており，さらに，親と手話で流暢に話せないことに対して深く悔やんでいるというエピソードも報告されました（Preston，1994 澁谷・井

上訳，2003）。

　筆者たちも，13歳から54歳までのコーダ104人への質問紙調査（中津・廣田，2020）にて，「親とどれくらい会話ができると思いますか？」と尋ね，4つの選択肢（1．問題なく会話できる，2．だいたい会話できる，3．あまり会話できない，4．まったくできない）から1つ選んでもらいました。

　その結果，図2.1のとおり，「問題なく会話できる」と回答したコーダは48人（46.2％）と，全体の半数弱という結果でした。次いで，わからないときもあるけれども，「だいたい会話できる」という回答が47人（45.2％），「あまり会話できない」が6人（5.8％），「まったくできない」は回答者無し，その他（わからない，無回答）が3人（2.9％）でした。

　なお同調査では，両親ともにきこえないコーダのほうが，どちらか一方の親がきこえないコーダより，統計的に有意に，きこえない親との会話が成立する（とコーダが感じている）傾向にあることがわかりました。コーダの性別，出生順（長子・中間子・末子・ひとりっ子の別），会話方法（手話・口話など）は，親との会話の成立度とは関連が認められませんでした。

　さて，「親とどれくらい会話ができると思いますか？」という質問への回答の結果を見てどんなふうに感じましたか。筆者は，「親と問題なく会話ができるコーダは半数弱しかいなくて，残りのコーダは，程度の差こそあれ親と完璧

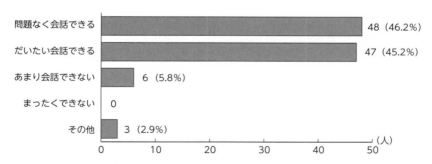

図2.1　親とどれくらい会話ができると思いますか？（中津・廣田，2020）
　　　　コーダ104人の回答

な会話の成立には至らないのか……」と，やるせない気持ちになりました。そもそも親子であるのに，です。

　実際のところは，手話があまりできないコーダでも，昔の筆者のように，それなりに親と会話しているようです。親子の会話というものは，それほど意外な話題がでることも少なくて，そこそこ推測がつくし，そもそも親子なのですからお互いのことは十分にわかっていて，それほどの支障はなく会話は通じることもあるのです。しかし，とくにコーダが青年期に差しかかる頃には，会話の内容はより複雑で深いものになりますから，親子の会話がとたんに通じなくなることがあります。

　親と十分に会話が通じないことは，コーダの親との会話の不充足感につながることもあり，その気持ちについては第 4 章で取り上げています。一方で，親子で問題なく会話ができると回答したコーダも 48 人と半数弱占めているわけですから，コーダと親との会話状況とは，本当に個人差が大きいと感じています。

　以上，コーダと親との会話では，さまざまな方法が用いられ，問題なく親子で会話ができるコーダもいれば，親子であっても十分に会話が成立しない例も少なくないという現状が整理されました。

　コーダにとって，親子の会話は，本当に大事だと筆者は思っています。きこえる親子でも，会話が大切なことはもちろんですが，コーダの場合には，そもそも親と意思疎通ができるかどうかという大きなハードルがあるだけに，今後も，よりいっそう会話の重要性に注目し続けていきたいと考えています。

# 第3章
# コーダの通訳というケア役割

　序章でも述べたとおり，コーダをヤングケアラーの枠組みで捉えるならば，コーダが担う「ケア」とは，きこえない親への「通訳」の役割になります。ここでは，コーダの通訳の役割について，概要をまとめます。コーダの通訳の役割とは，コーダにとってある日突然発生したというよりは，物心ついた頃から当然の役割として家庭生活の中に自然に馴染んでいるものでもあります。ですからあらためて説明するとなると難しい側面もあるのですが，本章ではあえて数値を用いて可視化してみました。

　まずは，コーダの通訳とは実際にどのようなことをしているのかについて整理し，次に通訳の役割の実態として，コーダが通訳を担う主な場面と，通訳を開始した年齢，通訳の頻度を確認した上で，主に青年期のコーダの負担感について考えてみたいと思います。


## 1．コーダが担う通訳とは

### 1）通訳をするときの方法

　第2章で，「コーダが親と会話をする方法は，それぞれの親子によってさま

ざまで，ひとつの方法だけでなく，たとえばコーダが口を大きく動かして親に読み取ってもらいながら筆談もするなどといったように，複数の方法を用いることもある」と述べました。それと同じように，コーダが通訳をするときの方法もまたさまざまで，手話や口話（こうわ），筆談，身振りなど，それぞれのコーダが親に伝達できる方法を用いて行っています。


## 2）コーダは通訳のときに何をしているのか

◆双方の言葉や音の情報を伝える

　あらためて，コーダが通訳のときにしていることについて考えてみます。コーダの行う通訳とは，たとえば買い物の場面であれば，コーダが親と店員との間に立ち，双方の言葉を訳して相手に伝えるようなイメージです。ただ，コーダの通訳のやり方は，それぞれのコーダによって少しずつ異なります。幼い頃にしてきた通訳は，いわゆる一般的な手話通訳者が行う通訳とは，少し違うやり方だったと話すコーダもいます。

　　　「通訳ではなくて，ただ単に親の代わりに言ってるだけ。父親の職場に電話して，"お父さんは，頭，痛いので，お仕事，行けません，お休みします，さよなら"ガチャンって感じなので，これあんまり通訳じゃない」

　　　「電話の通訳は，先に俺が親父から，内容を全部聞いて理解してから，電話するっていう。で，親父から聞いた話だけで対応できないことを相手からふっかけられたら，話を一回止めて親父に話して，親父が言うことを全部聞いて，聞き終わった話をまた相手に伝える」

　　　「親への通訳って，どうしても一般的な通訳とは違う感じになるんですよね。私情は挟めるわ，ある程度，なんだろう，内容を曲げることもできるし。なので，本当の通訳のイメージじゃない」

　とくに幼少期のコーダは，通訳の方法を誰かに教わるわけではないですから，

独特の方法になることがあります。ただ，通訳の方法はさまざまであっても，コーダの行う通訳とは，序章でもお話ししたとおり，「第三者が音声で語った内容や，その他の音情報を親に伝えつつ，親が何らかの方法で発言した内容が第三者に伝わらないようであれば，代わりに伝えるという役割」です。

　また，本書では，前述のようにたとえば家にお客さんが来たときのチャイムや，お風呂が沸いたときに鳴る音楽などのような，ごく日常の場面にある音の情報を親に伝えることも「通訳」に含めています。

◆仲介役になり場を調整する

　しかし，実際には，コーダの通訳とはそれだけにとどまらず，コーダは親が属する「視覚を重視する固有のきこえない世界」と，世の中の（多数派の）きこえる人たちの世界の生活文化の違いを無意識のうちに認識して，双方のやり方にギャップが生じた際には仲介役となることもあります。また，親と第三者のどちらか一方が，十分に話の内容を理解できていないと感じた場合には，わかりやすくなるように解説を加えることもあります。さらには，コーダは，きこえない親が今この場でしなくてはならないことは何かを，いち早く察知して，親よりも先回りして調整したりすることもあります。これらの役割について，ふたりのコーダの語りを紹介します。

　　　「町内会とか子ども会とか，親と子どもが集まる場所で，自分よりも親がその中できちんと動けるかとか，次に親は何をしなきゃいけないとか，自分で見ていて教えなきゃいけないとか考えて，張り詰めた感じというか。そういうのは結構ありました，小さい頃。周りを見なきゃいけないとか」

　　　「母親には，きこえる世界では，ここはこうした方がいいんだよってことは小さい頃から伝えてた。でも，もちろんままならないときもあるから，そこは自分が場をコントロールしてましたよね。だから，場をコントロールすることは，物心ついたときからやってましたよね。その力は今，仕事にも生かされてる（笑）」

　コーダであれば，「あぁ，あのことね，わかるわかる」とイメージされるでしょうか。幼い頃から，大人の間に立って仲介役をして場を調整することもあり，張り詰めた気持ちをもってきたと語るコーダもいれば，場を調整してきた経験をポジティブに捉えて，今の生活に活かしているというコーダもいました。

◆文章の説明や添削，代筆
　その他にも，個人差があるのですが，親によっては読むことと書くことが不得手なこともあり，その場合には，コーダは親の書いた文章の添削や代筆をしたり，学校などから届く文章の内容を親にわかりやすく説明したりする役割を担うこともあります。これまで説明してきた通訳の内容とは，少し質が異なる役割といえます。まずは，学校から届く文章の内容を，親にわかりやすく説明をしてきた経験をもつ20代のコーダたちの語りです。

　　　「学校からもらった書類を，親が読んでサインとかするものって，あるじゃないですか。あれ，全部，私が親に説明をして，こういうものだからとりあえずここに名前を書いてって。全部，自分でやってた」

　親の書いた文章を添削したというコーダもいます。

　　　「親がパソコンで打った文章が間違えてたり，読み方も音読みと訓読みがわからないんで，これはこう読むんだよとかって教えるのはありますね。こっちが忙しいときは面倒くさいとは思いますけど，あっち（親）も仕事でやってるんで，それを公表されるのも恥ずかしいじゃないですか。だから，やります。逆に，この文章めっちゃいいやつにしてやろって」

　親から文章の添削を頼まれるとき，あえて，正確に添削しないと語るコーダもいました。

　　　「自分としては，一般の人たちに，"きこえない人の中には読み書きが苦手な人もいる"ということを知らせたいというか。だからね，あえて親

が書いた，ちょっと変な文章は，添削するふりをして変なまま残したりするんです。一般の人は親のことを，きこえないだけで書けばわかると思っていると思うんですね。そこは，世間に知らせていくべきだと思います」

　文章に関することだけでも，役割の内容や，そのときのコーダ自身の気持ちには，いろいろなパターンがありました。ちなみに，筆者の父も文章の読み書きは苦手なタイプでした。読み書きは苦手だけれども，父の手話は，それはそれは魅力的で，手から繰り出される言葉は，まるで映像になって目の前に浮かび上がるようでした（父の手話がとても素敵なものだと知ったのは，筆者がもう大人になってからだったということに，今，若干の後悔の念を抱いています）。

　話を戻しますね。コーダが，幼い頃から親の書いた文章の添削や代筆も担うことがあるというのは，なかなか周囲にイメージしてもらいにくいと思います。しかし，このような役割を担うコーダたちがいるということも，覚えておいてほしいと思います。

　こうしてあらためて，コーダの通訳の内容について考えてみると，通訳と関連する支援を包括した，実はとても複雑で高度な総合的な役割であるといえそうです。それでは，ここから青年期における通訳の役割について，さらに具体的に見ていきましょう。


## 2．コーダの青年期における通訳の実態

　ここでは，筆者たちの研究による，13歳から54歳までのコーダ104人へのアンケート調査の結果を紹介していきます（中津・廣田，2020）。コーダの青年期（13歳から22歳）における通訳の役割の実態について，アンケートで，1）通訳を担った場面の例，2）通訳を開始した年齢，3）通訳を担う頻度の3項目を尋ねました。23歳以上のコーダには，青年期を振り返って回答をもらいました。

　コーダにとって通訳の役割とは，本章の最初に述べたとおり，コーダ自身も

親や周囲の人々にとっても，当然でごく自然な行為と捉えられがちです。しかし，ここでは，コーダから直接得られた回答から，通訳の役割の実態を数値化して目に見える形で示し，関連するコーダの語りも付しました。項目ごとに見ていきましょう。

## 1）通訳場面例

　コーダが親に行う通訳とは，コーダの家庭生活の一部ともいえるほど日常に溶け込んだ役割ですから，通訳場面も多岐にわたります。アンケートでは，「どんなときに通訳をしてきましたか。該当するものすべてにチェックをしてください」と尋ね，「電話・病院・学校関係（家庭訪問など）・買い物・親戚の集まり・テレビ・その他（自由にお書きください）」という項目を設けました。
　その結果，コーダ104人からは，とてもさまざまな通訳場面が挙げられました。たとえば，電話，親戚の集まり，テレビ，来客時といった家庭内での通訳場面が挙がりました。その中でも電話の通訳の場面は最も多く，104人中85人のコーダが経験があると回答しました。それは，そうかもしれません。きこえない親にとって，電話は目の前に相手がいるわけではないですから筆談もできませんし，相手の口形も見えず，意思疎通のためにはどうしても通訳者を介する必要が生じます。しかし，子どもであるコーダにとって，電話の通訳とは，かなり煩わしく難しい役割であることが，いくつかの語りから感じ取れました。

　　「電話はすごく嫌でした。子どもなのに丁寧語を使ったり，今だったらいいのですが，わからないじゃないですか。私が言ったことを直してくれる人もいないじゃないですか。これは敬語じゃないよとか。だからすごくひやひやしていました」

　　「電話は全部，僕がとっているんです。それも 24時間。相手がもう大人ですから，電話がかかってくるのは夜の 10時11時。出るのは小学生の僕ですよ。もう眠気まなこで電話をとって，一応，はいわかりましたって切るでしょう。手話も今みたいにできないから，母親が，何だった？　っ

てきいてくるんだけど，わからんって言って過ぎちゃって。電話をとるの
は自分の仕事だと思っていたら，友だちの家に行ったら親が電話をとって
いる。自分の親は違うなぁ，みんなの親はきこえてるのか，自分の親だけ
なんできこえないのかと，そういう葛藤はありました」

　ただし，今では，序章で紹介をしたとおり電話リレーサービスが公共イン
フラ化されましたし，電話でなくとも web 上での対応が可能な仕組みも増えて
きましたから，コーダが電話通訳をする場面は，これからどんどん減少してい
くことを期待しています。
　さて，再びコーダの通訳場面の回答に戻ると，その他にも買い物，外食，旅
行といった親子で外出するときの場面や，さらには病院，親が会社を休む際の
連絡，親の転職時の採用面接，銀行や生命保険の手続き，車購入時などといっ
た，子どもが担うにはあまりに高度な通訳技術を要する場面もありました。病
院の場面については，親やきょうだいが受診する場面のこともありましたし，
コーダ自身が具合が悪くて受診をするときに，具合の悪い自分が親に通訳した
という回答もありました。この回答をみて，あるコーダのエピソードを思い出
しました。

　　　「小4の冬，盲腸の手術をしました。普通は，医者が親に病状を説明す
　　るのだろうが，腹が痛いのを我慢しながら医者の説明を私が母親に通訳し，
　　何とも運命を恨めしく思いました」

　また，アンケートの回答には，コーダ自身の学校関係の行事（家庭訪問，授
業参観，三者面談，保護者会など）に，コーダが通訳をするような場面も見ら
れました。学校関係の通訳は，他の通訳場面とは少し様子が違っていて，コー
ダによっては自ら通訳の役割を希望することもあるほどの，複雑な気持ちが湧
きあがる場面のようでした。

　　　「通訳を使い分けていました。授業参観とかは，親に通訳者さんに来て
　　もらうようにお願いして，三者面談は自分で通訳をやる。僕，あんまり

頭が良くなかったんで，そういう意味で，通訳の人がいるのが恥ずかしくて」

　自分の成績を他人に知られたくないコーダの気持ちは，とてもよくわかります。コーダにとっては，幼い頃から馴染みのある通訳者もいますから，なおのこと，自分の学校の成績などが通訳者に知られてしまうことに恥ずかしさが伴うこともあろうかと思います（もちろん，学校の成績を通訳者に知られても，まったく平気だよというコーダもいます）。
　一方で，筆者としては，学校行事には，やはりコーダには親の通訳者ではなく，ひとりの児童生徒としてその場にいてもらいたいという気持ちがあります。そうは言ってもコーダの気持ちはさまざまですから，どのコーダにとっても最善な状況とは何か一概に決めることはできません。しかし，少なくとも通訳派遣を依頼するかしないかについて，親や学校の先生とじっくりと相談ができ，子どもであるコーダの意見が十分に尊重される環境が確保されることが大切であろうと思っています。

### 2）通訳開始年齢

　次に，コーダが通訳を開始した年齢についてです。アンケート調査では，「ここでの“通訳”とは，きこえないお父さんやお母さんに，すべての言葉や音情報を伝えることを指します」と前置きした上で，「いくつのときから通訳をしてきましたか？」と尋ね，年齢を書いてもらいました。
　その結果，コーダがきこえない親への通訳を開始したと回答した年齢は，平均6.48歳（±3.23）の幼少期でした。内訳は，図3.1のグラフのとおりで，6歳が24人（23.1％）と最も多く，次いで3歳までが20人（19.2％），5歳16人（15.4％）と低年齢での回答が続きました。6歳までを就学前として線引きすると，就学前に通訳を始めていた人は合計64人（61.5％）と全体の半数を超えました。

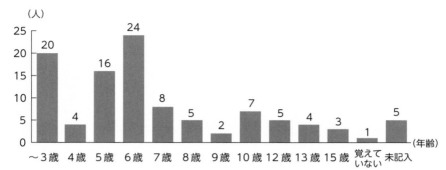

図3.1　いくつのときから通訳をしてきましたか？（中津・廣田，2020）
コーダ104人の回答

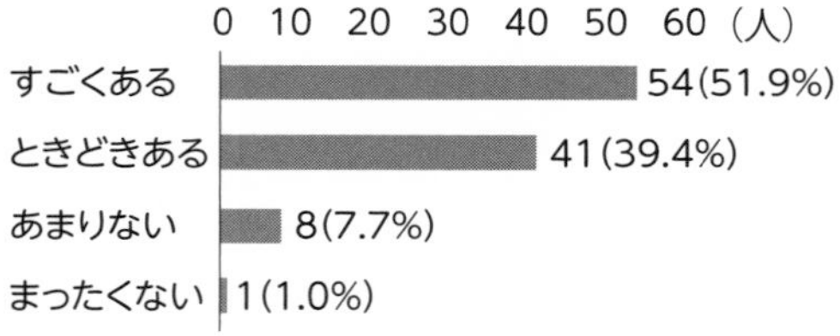

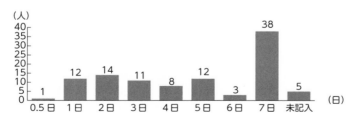

図3.2　親の通訳をしたことがありますか？（中津・廣田，2020）
コーダ104人の回答

図3.3　多いときで，1週間に何回，親の通訳をしてきましたか？
（中津・廣田，2020）
コーダ104人の回答

## 3）通訳頻度

　次に，コーダの通訳の頻度についてです。アンケートでは，「きこえないお父さんやお母さんの通訳をしたことがありますか？　該当するもの１つにチェックをしてください」と尋ね，４つの選択肢（１．まったくない，２．あまりない，３．ときどきある，４．すごくある）から１つを選んでもらいました。

　その結果，図3.2のとおり，「すごくある」と回答したコーダが54名（51.9％），「ときどきある」が41名（39.4％），「あまりない」が８名（7.7％），「まったくない」が１名（1.0％）であり，すごくある，またはときどきあるとの回答が多く見られました。

　さらに，アンケートでは，「多いときで，１週間のうち，だいたい何日くらい通訳をしてきましたか？　該当する数字をいれてください」と尋ね，１週間のうち通訳を担う日数を記入してもらいました。

　その結果，図3.3のとおり，１週間のうち７日通訳を担うという回答が38人（36.5％）と圧倒的に多く，４〜６日が23人（22.1％），２〜３日が25人（24.0％），１日が12人（11.5％）であり，104人のコーダは，平均して１週間に4.52日の頻度で親の通訳の役割を担っていることがわかりました。

　2）3）のコーダ104人の実態をまとめると，コーダが通訳を開始した年齢は平均6.48歳で，通訳の経験では，すごくある54人，ときどきある41人で大半を占めました。また，１週間のうち通訳を担った日数は平均4.52日という結果となりました（図3.4）。

コーダが通訳を開始した年齢
**平均6.48歳**

コーダの通訳の経験
すごくある　**54人**
ときどきある　**41人**
あまりない　**8人**
まったくない　**1人**

一週間の通訳頻度
**平均4.52日**

**図3.4　コーダ（104人）の通訳実態**

### 4）両親ともきこえないコーダのほうが通訳の頻度が多い

　なお，通訳を開始した年齢が低いほど，また，両親ともきこえないコーダであるほど，統計的に有意に，通訳頻度は高い傾向にあることがわかりました。両親ともきこえない場合には，親のどちらかがきこえるコーダと比べて，家庭内の通訳の役割をすべてコーダが引き受けることになる様子が想像できました。他方で，通訳頻度は，コーダの性別，出生順（長子・中間子・末子・ひとりっ子），会話方法（手話・口話など）とは，関連が認められませんでした。

　ただ，性別については，海外の研究では，「通訳は女性的とされる調整型のコミュニケーションスタイルであることから，とくに女性のコーダが担う傾向にあるのではないか」という考え方が示されたものもあります（Preston，1996；Moroe & De Andrade，2018）。出生順については，海外の研究で，年長のきょうだいが親のために通訳を担う傾向にあると考えているもの（Preston，1996；Buchino，1993）と，通訳は末っ子に委ねられる例が多いと報告されたもの（Moroe & De Andrade，2018）が，それぞれあります。ちなみに，筆者は長女のコーダであり，わが家も弟は通訳をせず，私だけが通訳の役割を担ってきました。わが家の場合には，ケアの担い手は女性という旧来の固定観念があったように思い，感覚的には長女のコーダが担う傾向にあるという主張にもうなずけるところがあります。もしかしたら，時代や国などによっても，少しずつ異なるのかもしれません。


## 3．通訳の役割とは

### 1）ポジティブな感情とネガティブな感情が伴う役割

　Buchino の研究では，9歳から15歳のコーダ16人へインタビュー調査をし，コーダは，"親に対して頻繁に通訳しなければならないことに不満をもち，きこえる親であれば自然に理解するであろうことを，親に通訳して理解させなければならない"として親に否定的感情を抱く一方で，"通訳をすることによ

って，親の問題に介入して親のことをより深く知ることができ，大人になってからもビジネス上の取引が上手になる"という肯定的な側面ももっていたことを報告しました（Buchino, 1993）。つまり，親への通訳の経験とは，コーダにポジティブな感情を抱かせ，主体性や成熟さを身につけるなどの成長発達を促すことにつながる面と，親に対して複雑な葛藤が喚起されるなどのネガティブな感情を抱かせる面の，両義的な感情が形成されるという見解です。

　筆者も，コーダの通訳の役割とは，場合によってはコーダの成長発達にとってプラスに作用することもあると考えています。通訳をすることによって，小さい頃から大人の世界を知ることができたり，自分に自信をつけたり，親子の絆を深めたりすることもあろうかと思います。ヤングケアラーについても，ヤングケアラー支援の先進地であるイギリスでは，子どもや若者がケアの経験を通して得たプラスの影響（年齢の割に高い生活能力を身につけていること，マルチタスクをこなせること，聞き上手であることなど）にも目が向けられているといいます（澁谷，2018）。ただ，それは，親や周囲の適切なフォローがあってこそ成り立つものなのです。第7章第2節で，「コーダが通訳をするときに──きこえないお父さん・お母さんにお願いしたい5つのポイント」をまとめましたので，併せてお読みください。

## 2）ときに役割に負担感を抱える

　以上のアンケートの結果から，コーダは平均6.48歳の幼少期から頻繁（平均4.52日／週）に，親の日常生活の多岐にわたる場面において，大人が担うような高度な内容も含む通訳をすることが明らかになりました（もちろん個人差があることは前提です）。

　ここで少し想像力を働かせてみると，手話等の通訳技術というのは，一般に大人が一生懸命頑張って，数年かけて養成講座に通ったりしながら習得していくものですよね。たとえば，手話通訳は日常会話とは異なり，手話と音声言語をリアルタイムで変換するような一定の通訳技術が求められる高度な作業です。それなのに，親と十分に会話ができないコーダであっても，幼少期から頻繁に通訳をして，親に音情報を伝えているのです。また，コーダが行う通訳とは，

音声の伝達のほか，仲介役や場の調整をするような支援も含まれます。コーダにとって決して容易とはいえない，著しい負担感を生じさせることが推察できます。

　いくつかの海外の研究でも，過度の通訳の役割に対するコーダの負担感が指摘されています。たとえば，Moroe らが 21 歳から 40 歳のコーダ10人へインタビュー調査をしたところ，全員が親の通訳の役割に対する挫折感を味わった経験があったことが報告されました（Moroe & De Andrade, 2018）。Hadjikakou らによる，21 歳から 30 歳までのコーダ10人へのインタビュー調査でも，ほとんどのコーダが，子どもの頃の通訳に疲弊していながらも，他に選択肢がなかったため，どうしようもなかった経験をもつことが示されています（Hadjikakou & Christodoulou, et al., 2009）。


## 3）わかりづらい役割

　しかし，コーダの通訳のような，いわゆる言語通訳のケアは，身体介助や看病，家事などのケアと比べて可視化されづらく，コーダの負担感も自ずと周囲には非常にわかりづらいものとなります。ですから，周囲には，「親と一緒に生活をしているコーダだから，通訳も簡単にできるでしょ」と判断されがちな面があります。

　周囲には，子どもであるコーダが完璧な通訳を負担感なく遂行しているように見えるとしても，コーダだからといって親と十分に意思疎通できるとは限りませんし，たとえば生命保険の契約や銀行での手続きなど，子どもには理解が難しい内容の場面もあります。個人差はありますが，実はコーダはプレッシャーを感じながらも子どもながらにあらゆる方法を駆使して親に音情報を伝えていることもあるのです。一般に言う「通訳」というものと，自分の行為が同じものという発想がないこともあり，いつの間にか，じわじわと負担感が蓄積されていくこともあります。状況によっては，子どもが親をケアするという固有の関係性が生起されることになり，18歳未満のコーダであればヤングケアラーの定義にあてはまると考えることができ，周囲からの支援が求められます。

　日本にもヤングケアラーという概念が登場したことで，コーダが担うような

言語通訳のケア負担も社会に理解されることを期待しています。世の中がヤングケアラーについて議論するときには，通訳のケアも俎上に載せていただくことを願っています。

# 第4章
# コーダと親の変わりゆく気持ち

　第3章では，コーダの通訳の役割の実態や負担感について考えました。本章では，通訳の経験を通して，児童期から成人期にかけて変わりゆくコーダの気持ちについて，たくさんのコーダの語りとともに深く掘り下げてみます。親と社会との関わりの中で，揺れるコーダの気持ちに触れながら，さまざまなコーダの在りようを見つめてみたいと思います。とくに，青年期のコーダの気持ちは複雑に揺れていて，なかには重い語りもありますが，コーダのすべての感情をありのままお伝えします。コーダの気持ちを，あたたかく見守ってほしいと思います。

|||||||| **第1節**
　　　**コーダの変わりゆく気持ち**──児童期・青年期・成人期
||||||||||||||||||||||||

## 1．コーダへのインタビュー ･････････････････････････

　コーダは，通訳の役割ときこえない親をめぐり，どのような気持ちを抱き，

またその気持ちはどのように変化していくのでしょうか。全国各地のコーダ
25人にインタビューをしてまとめた内容（中津・廣田，2012）をもとに見て
いきます。なお，25人のコーダとは，女性が15人で男性が10人，インタビュ
ーを行ったときの年齢は20歳から42歳（平均29.3歳）と幅広く，きこえ
ない親との会話方法では，スムーズな手話を使って会話をするコーダもいれば，
拙い手話やホームサイン，口話で会話をするコーダもいたりと，さまざまでし
た。

　コーダ25人に，「小さい頃から，通訳の役割について，どのように思ってき
ましたか？」「きこえない親について，どのように思ってきましたか？」など
の通訳と親に対する気持ちについて尋ね，その語りを分析して，コーダが抱く
さまざまな気持ちとその変化を導きだしました。

　見いだされたコーダの気持ちを児童期，青年期，成人期の別に，図4.1に簡
略化して示しました。この図の見方ですが，すべてのコーダが，ここに書か
れている気持ちをもつというわけではなく，たとえばコーダの方は，「自分は，
この気持ちとこの気持ちが当てはまるかな」などと考えながら，見てください。
あるいは，「この先，こんな気持ちになっていくのかな」と，先の見通しをも
つために活用してほしいと思います。なお，児童期，青年期，成人期の時期は

図4.1　通訳の役割にもとづくコーダの気持ちの変容
　　　（中津・廣田，2012をもとに作成）
　　　修正版グラウンデッド・セオリー・アプローチの結果をもとに図式化。

おおよその目安であり，実際にはコーダによって少し前後することもあります。たとえば，図では成人期に示されている気持ちが，あるコーダでは既に高校生の頃に芽生えていたりすることもあると考えてください。

　それでは，図4.1に沿って，児童期（6〜12歳）から青年期（13〜22歳），成人期（23歳以降）の発達段階の順に，たくさんのコーダの語りとともに，ひとつひとつの気持ちを見ていきます。中学生や高校生のコーダにとっては，少し先輩にあたるコーダの語りになります。青年期には，とくにたくさんの気持ちがありますので，コーダの方は，自分に当てはまりそうな気持ちを見つけたり，他のコーダの思いに触れたりしながら，通訳経験を通して変わりゆくコーダの気持ちを確認してみてください。

　なお，文中の語りの中にある〈　〉は，文脈を明らかにするために筆者が挿入した補足です。


## 2．児童期のコーダの気持ち

### 1）通訳は当然の感覚

　ほとんどのコーダが，児童期の頃を振り返り，"親の通訳を担うことは特別なものではなく，親から頼まれた用事をこなすという，物心ついたときからの当然の感覚のようだった"と語ってくれました。

　　　「私，この家しか知らないんで。このやり方しか知らなかった。だから〈通訳に対して〉役割という意識はないですね。親のいうことを聞くという感じで。こんなこと言ってください，わかりましたって感じですよね」

　　　「もう，物心ついたときに，選ぶと選ばざると，通訳はしてましたね。3歳くらいには普通にしゃべれましたし，電話もできたので。そのときは，何も考えてなかったと思います。本当に機械的にというか，お母さんに頼まれたからお手伝いするって感じで。だから，嫌だなぁとか，通訳をして

いる感はなかったと思う。ただ，自分が見たいテレビを見ているときに頼まれると嫌って思うくらいで，行動自体が嫌だとかいいだとかいう感覚がなかったですね」

　通訳は当然という気持ちから，あるコーダは通訳のことを「通訳」ではなく，「習慣」という言葉がしっくりくると話していました。コーダの通訳の役割とは，それほどまでにコーダの家庭に溶け込んだ，日常の光景だったのかもしれません。

　　　「"通訳" じゃなくて，"習慣" ですよね。通訳という認識は無くって。親も，通訳しろって言い方じゃなくて，"私は言えないしきこえないから代わりに言って，代わりに話きいてきて" って。そういう認識だから，小さい頃どうやって通訳していましたかって質問されても，お母さんの代わりに私がやったって感じなんですよね」

## 2）自然に親を助ける

　このように，児童期のコーダは，当然のように通訳をしながら，ポジティブでもネガティブでもなく，あくまでも自然に親の手伝いをしてきたという感覚が大きいようです。

　　　「通訳するかしないかという状況があったので，自然に〈親を〉助けてたし。それ以外の家族とか知らないし」

　また，それだけでなく，大人になってからあらためて過去を振り返り，"今思えば，児童期の頃は，幼いながらも自分が親であるかのような感覚をもっていた" と語るコーダもいました。

　　　「物心ついたときに，父親と母親を守んなきゃなって意識があったんですよ。なんかね，訪問販売とかくると，僕としては前に，矢面に出なきゃ

って，小さいときから。〈親が〉だまされるって。電話も3歳くらいから
出てたし。何言ってくるんだろう，この人はって」

## 3. 青年期のコーダの気持ち

　児童期では，無意識にきこえない親を助けてきたコーダも，青年期に差しか
かる頃には，少し様子が変わっていきます。一般に青年期とは，子どもから大
人へ移行していく過渡期にあり，身体だけでなく精神的にも大きな変化が現れ
る時期といわれます。他人の目が，とても気になることも特徴です。自分とは
何かと考えるときも，他人は自分をどう思っているのだろうと，他人の目を通
して自分を見ようとする傾向にあります。そして，人と違うことにとても敏感
です。コーダもまた，このような青年期の特性の影響を，多かれ少なかれ受け
ながら成長しています。きこえない親は，友だちの親とは違うということに敏
感になり，親のことが好きだけど嫌いという両極の気持ちを抱くコーダもいま
した。
　実際には，コーダがみんな同じ気持ちをもつわけではなく，それぞれのコー
ダによって実に多様な気持ちが生まれていました。


### 1）通訳への思い悩み

◆通訳への葛藤

　児童期では，通訳を当たり前のように担ってきたコーダでしたが，青年期に
なると，通訳を難しく感じるようになったり，面倒だったり，責任を負ったり
することを負担に感じたりして，通訳の役割に思い悩むこともありました。通
訳を拒絶して，まったく担わなくなったコーダもいました。いずれにせよ，多
くのコーダから，通訳に葛藤する気持ちが見いだされました。
　「通訳を難しいと感じてきましたか？」と尋ねたところ，第3章でも触れた
電話通訳のときのエピソードを思い浮かべるコーダが，とても多かったです。

　「うちの親は，電話って簡単だと思ってると思うんですよ。きいたこと
をそのまま伝えればいい，そのまま言えばいい，それだけのことだと思っ
てるんだと思います。けれどもその裏には，きちんとしたマナーとか，う
まい言い回しとか，そういうところまで気を使わないといけないし，何か
言われたときの対応とかもうまくしないと。電話でこれらのことを保つの
は，結構難しいことだと思うんです。そういうことを親にわかってもらえ
ないということで，通訳を嫌がったこともあると思うので」

　「電話の通訳が嫌なんじゃなくて，電話のときに，お父さんお母さんは
きこえませんって言うことが嫌でした。あと，本当にきこえないの？　と
か，まったくきこえないの？　とか言われるのが嫌でした」

　その他にも，コーダは中学生や高校生の頃になると，部活動や勉強が忙しか
ったり，友だちと遊ぶ時間もあったりしますし，自分だけがどうしてこのよう
な役割を担わなくてはいけないのかと思い悩むこともあります。

　「〈通訳を〉やり始めたときは，まだ低学年だったから，別に何も思って
なかったと思うんですけど，小学校高学年とか中学校に入ってくると何か
面倒くさいみたいな，そんな感じです。こっちは自分のやりたいこともあ
るし。嫌，本当にもう嫌というときは知らんぷりして，電話がかかってて
も，気づかないふりというか，ほっといたみたいな感じですね。しゃあな
いなって通訳するときもありましたけど。今はそこまでは。一番嫌だった
のがやっぱ中2とか。その辺とかは，もう嫌って感じで。でも，親は困っ
てるからお願いって」

　「買い物のとき，レジで "袋入れますか" とかも，ちゃんと答えなくち
ゃいけないなあって。だから，別に何を買ってもらえるわけでもなく，無
理やり買い物に行かされたりしました。何でそんなことやらなきゃいけな
いんだって。親に束縛されないで遊びに行くとか，自分の自由時間が欲し
かったです。結構，遊びに行く時間もなかったです。常に家の中にいなき

ゃ困るっていう感じだったので。自分の時間がとられるのと，自分の親が
きこえないことが嫌でした」

　「なんで通訳しなきゃいけないの？　みたいなのは，ありました。しな
きゃいけない状況なのは，わかっていたけど，ちょうど思春期だったので。
高校生とかになる時期だったので，なんか……。嫌な顔は露骨にしていま
した。なんで自分ばっかりって，態度で，無視したりとかはあったりしま
した。それは，親は感じていたと思います」

　通訳の役割に伴って，責任をもたなければいけないことがつらいという語り
もありました。

　「抽象的なこととか，説明がいるやつとか，この意味は何っていうよう
な難しい大人の話になってくると，私だって知らないのにって，こっちは
思うんだけど言えないし。全責任が自分にかぶさってくるのがつらかった
です」

　通訳の負担感と，一方で困っている親を助けなければいけないという責任感
との間で，揺れ動くこともあります。

　「子どもは，とりあえずちょっと上〈2階の部屋〉にいってなさいって
いうことを，全部僕は，きかされてきたんですよ。きかざるを得なかった。
通訳をしなければいけなかったから。きかされたくないことも，きかされ
て。はたしてこんなことを，きかされる子どもは，他にいるんだろうかと
思ってたんですけど，でもこれはきこえる自分の役割で，目の前には困っ
ている親がいるから，やらざるを得なかった」

　結局のところ，通訳の負担感よりも，親を助けなければならないという責任
感のほうが強くなり，通訳を引き受けていたコーダがたくさんいました。コー
ダにとって，親の通訳を断ることは，うしろめたさのような，何か悪いことを

しているような罪悪感ともいえる気持ちが湧き起こることでもあるようでした。

### ◆通訳の失敗から起こる不全感

　通訳に失敗してしまったときのことを，よく覚えているコーダもいました。とくに，子どもには理解しづらいような大人同士の会話や，高度な通訳の技術を要する場面では，通訳がうまくいかないこともあり，何人かのコーダから，通訳の失敗から起こる不全感が語られました。

　　　「親に言われても，それ，言葉にできない。あの，生命保険解約したいんですけどって。そんなの，えって。それ，ちょっと，どうやって俺言えばいいのって。相手と俺，てんぱってるじゃないですか。〈親は〉なんだ，お前，わかんないのか，早く言ってくれよって。言えないじゃないですか。わかんねえって言ったら，お前もういい，馬鹿だって。そういうときは，煮え切らない気持ちになりました」

　ここで共有したいのは，子どもであるコーダが，過度の負担が伴う通訳を担わなくてはならない状況は，あってはならないということです。なぜコーダが通訳を担うことになるのか，通訳を過剰に担うことでコーダはどうなっていくのかなどについてはこのあとの章でも考えていきます。

## 2）親への否定感

### ◆親や手話は恥ずかしい

　さて，青年期のコーダは，自分と他人の家庭環境とを比較するようになる中で，周囲の目を気にして，他と違う親や手話は恥ずかしいと感じ始めることもあります。

　　　「友だちに見られるのが嫌だった。だんだん思春期になってくると，どういうふうに思われてるんだろうなあっていうのは，思ってた。周りの人ってどう見るんだろうって。すごい敏感だから，〈自分と〉周りが違うと

いうことが」

「周りの目を気にしますので。うちの親は聞こえませんよ，普通とは違うんですよみたいな感じですかね。中学校，高校辺りから，自分の家の環境が周りと違うということに，結構というかすごく考えることがあって。外で，お母さんの通訳をしているところを友だちに見られたときに，あぁ，これでみんなにばれてしまうって」

「親がきこえないことで嫌な思いをしたことがあって，先生がクラスの中で，お母さんは耳が不自由でって説明してくれたんだけど。やっぱり，まだみんな理解できる年じゃない。だから，それで何かこの子は特別な子なんだ，お母さんも何かかわいそうなんだ，頑張ってね的になってきた感じになってきたら，もう余計に〈親と外を〉一緒に歩きたくない。一緒に歩いてもいいけれども，手話は絶対に使わないでって。とりあえず，私がしゃべったら，意味がわからなくてもうんうんってうなずいておいて，外では，って」

　青年期には他者意識が高まり，人と違うことに敏感にもなりがちですから，きこえない親を恥ずかしく思うことは，コーダによってはどうしても生まれる気持ちなのかもしれません。しかし，コーダの語りを見ていると，きこえない親や手話に対する恥ずかしさは，コーダの周囲に理解者が大勢いることで，かなりの部分が解消されるように思うのです。コーダと親を取り巻く環境の大切さについては，第4章第3節の「きこえない親が大好きなまま大人になったコーダ」のところで触れています。

◆親への苛立ちと諦め
　さらに，親に対しても，さまざまな気持ちを抱くようになっていました。たとえば，親に大切にされているとはわかっていながらも，親に対して苛立つ気持ちをもち，自身の置かれている境遇にひどく憤りを感じたり，周囲から親の無力さを突きつけられ，やがて親への期待値を下げ，諦めたりするような気持

ちです。

　「高校受験のときは，受験校を決めるときも，親は何もわからないから調べてもくれなくて。自分の息子が受ける学校なのに，何も調べもせずに，ほったらかしっていう感じだったんで。ずっと，そういう感じだったから，自分の勉強のことで悩んでいたり，相談したいことがあっても，別に言っても仕方がないみたいな。だから，本当は親のことは大事にしなければいけないと思うんですけど，僕はほったらかしにされていたし，僕もほったらかしていたし，受験のときは。何かもう，静かにしてくれてたらいいわみたいな。勉強の邪魔だけはしないでって。そういう感じでした」

　「なんでこんな，きこえない親をもったんだろうくらい思いました。普通の家に生まれたかったなぁって。なんか，友だちの家に，たまにですけど行ったときに，なんか親と子どもが仲良さそうにしゃべってたり，笑いあったりしてるのを見ると，なんか全然平凡な様子ですけど，やっぱりうらやましいなぁって。そういうことを感じた夜とかは，なかなか寝れなかったというか，ちょっと悔しい気持ちになったりして」

　「親戚はみんなきこえるんですけど，その人たちに父親と母親がけなされるんですよね。きこえないということを意識しているのかわからないけど，普通だったら人の前では言わないことを言って，それを私はきいていて，自分の親はだめなのか？　と思ってしまって。〈親が〉できないことに対して，もっと頑張ればいいのにとか，親を否定する気持ちが小さい頃からずっとありましたね」

　「かわいそうだというのもずっとあって，親に対して。すごく素直になれない自分というか，親の前でも笑えなかったというか，それは小さい頃からで，なんか堅い子だったんですね。甘えられなかったんですよ，親に」

「自分の両親は弱い人たちだって，ずっと思ってたんですよ。何もできない人たちだって，見下してた」

◆コミュニケーションの不充足感
　また，親への否定感の中には，コミュニケーションに関する気持ちもありました。たとえば，親に話したいことをうまく説明できず，親に共有できる事柄が限られてしまうといったコミュニケーションの不充足感です。

　　「日常的なところでは，普通に今日学校で何したとか，そういう会話くらいならいいんですけど。やっぱりたとえば，腹が立つとか。今日こんな腹が立つことがあってとか，その腹が立つ程度とかを〈手話で〉うまく表せなかったり。音声だったら，今日むっちゃ腹立ったわとか，そういう友だち同士で言えるこのトーンというかは難しかったです」

　　「私も親も手話しないんで。口の動きで，やりとりをするみたいな感じになっていたので，自分が言いたいことが伝わらない。紙に書くのも感情的になっていると書けない。で，もうお互いわからないまま。伝えたつもりが伝わっていなかった，伝えたいのに伝わらない」

　　「これは親に伝えてもわかんないだろうなと思うことは，伝えなかったし。できるだけ自分で受け止めて，自分で消去して解決した。だから，いっぱい我慢したこともあったし，伝わらないもどかしさもあった。何とかして親に伝えようとしても，自分も手話をそんなにいっぱい知ってるわけじゃないし，書いても親も意味もわからないでしょう。説明する力が私にもないから，親はうんうんってうなずいてるけど，実際にはわかってないということを，繰り返してきた」

## 3）親への親愛感

### ◆変わらない親への愛情

　ここまでは，青年期のコーダにおける通訳への思い悩みと，親への否定的な感情を伝えてきましたが，25人のコーダの語りからは，親への親愛感もしっかりと見いだされました。きこえる，きこえないに関わらず，ただただ目の前の親への愛情を表す気持ちです。

　　「〈コーダの中には親がきこえないことで〉悩んでる子どもたちがいるってことにびっくりしました。自分の親なのになんでって。進路の話とかも絶対にお母さんにします。なんか，難しい手話だったときは，全部指文字でします。話さないことはないです」

　　「お母さんとの会話は，多いですね。友だちとこういうことがあったとか，ちょびっとのことでも話します」

　　「お母さんとは，仲いいですね。友だちとかによく，仲いいねって言われるんで。あんま意識してないんですけど，普通に買い物とか一緒に行っちゃうし，今度テーマパーク行こうよって，なってるし。普通に。どこでも行っちゃいます」

### ◆きこえない世界の安心感

　親に対する愛情を越えて，きこえない世界自体に安心感を抱くコーダもいました。

　　「やっぱり生まれてきてから，感覚的にどう思うかっていうと，聴覚障害者の中にいる方が全然安心するわけですよ。小さい頃から外に出て，学校とかいっても，きこえる世界はやっぱりアウェイなんですよね」

　　「僕は，ろう者の自由な世界の中で，とても落ち着ける感覚ってのをも

ってたんで。もっと，気持ちいい生き方ってあるのに，なんで皆，萎縮してるんだろうって，外の〈きこえる〉世界に思ってたりしました」

◆親がきこえないことはラッキー

　そして，親がきこえないことを肯定的に捉えて，コーダとはラッキーな立ち位置なのだと語るコーダもいました。

　「普通の家より大変なことはあるんですけど，でもまぁだからこそすごく知れたこととかもあって。研ぎ澄まさせてもらったこととか今も感謝していて，非常にラッキーなところにいたなって。一言で言うと，ラッキーな立ち位置だと思ってきました。すごいラッキー。いい意味で，人によく思ってもらえる部分もあったし，大変じゃないのに大変だなって言ってもらえたりとかして，得をしたことの方が大きいですね」

　「高校くらいからは，みんなから，手話できるんだとか手話教えてとか，逆に尊敬の眼差しというか。嬉しかったです。みんなができないことが，私にはできてるみたいな。良いふうに思ったら，みんなが感じられないことを私には感じることができるし，ちょっとおもしろいかなと」

　「普通のきこえる人の家庭と違う家庭で育ったことを生かせること，なんか目で見る感覚が他の人より冴えてるとか，周りを見渡せる能力があるとか，他の人と違う特技というか，生かせるものが何かあると思ったんですよ。それを一般の社会の中で生かしたいって」

　「みんな経験してなかったことを俺，経験できたなんて，ラッキーでしょって。それいうと，すごいポジティブだねって言われますけど。人間いろいろ経験なんで。経験したもん勝ちだって，俺，思ってます。だから，経験できない方が逆にかわいそうだなって思うときはあります。こういうおもしろいことがあるって，一般の子どもは知らないで育つんだって考えると，自分の経験してきたことは，すごいよかったんだなって」

## 4）親を守る

### ◆大好きな親を助ける

　児童期では，自然に親を助ける気持ちをもっていたコーダは，青年期になる頃には，はっきりと意思を伴ってきこえない親を守るようになっていました。大きく分けて，2つの異なる"守る"気持ちがありました。

　ひとつは，大好きな親を心配して助ける気持ちです。

　　「親が買い物に行って〈きこえる人と〉通じないのが嫌なんじゃなくて，聞こえる人と関わることによって，親が傷つくのが嫌なんですよ。だから，親の買い物に一緒に行けるときは行きますよ」

　　「たまに，親戚の人が言ってることと，お母さんの読み取ってる内容が違ってすれ違ってるときに，違う違うって〈自分が〉通訳します。そんなときは，ちょっと焦ります。なんか，ほら，えっと空気が読めないって感じの。あぁ，みたいな，直さなきゃみたいなドキドキ。〈お母さんを〉空気が読めない人と思われたくないって，そんな感じです」

　　「私からもお母さんに，ちょっとこれやってよってお願いしたりするじゃないですか。〈通訳は〉それと同じ感覚ですね。お互い頼まれたことは，できることはやるみたいな感じなんで，全然」

### ◆無力な親を守る

　もうひとつは，きこえない親に立ちはだかる社会の壁を認識して，親を社会的に無力な存在と感じて，使命感をもって守ろうとする気持ちです。ときに，過度な責任感に発展することもありました。

　　「親を守らねば，家を守らねばっていうのが，強くあったと思う。親戚からも，〈親のことを〉"やっぱりきこえないから，あの人たち〈親〉は，わからないわよ"みたいな中傷的なこと言われたりしてたので」

ときどき，「コーダは，何から親を守っているのですか？」と尋ねられることがあります。筆者には，コーダが，社会から親が傷つけられないように，親を誤解されないように，親を悪く思われないように守っているように見えました。この親を守る気持ちは，コーダの親子関係に大きく関連することがわかっています。この気持ちを過度に抱え込みすぎると親子の役割逆転のような関係性が生じてしまうこともあり，注意が必要だと考えています。第5章以降は，この親を守る気持ちを深く見つめながら親子関係についてまとめています。

## 5）周囲との溝

### ◆無理解さへの違和感
　青年期には，周囲の大人や友だちと，心の溝があるように感じるコーダもいました。周囲の人たちが，親のきこえないことを理解していないように思えて，その無理解さに違和感を覚えたり，周囲から必要以上に期待されたり励まされたり同情されたりすることから生じる気持ちです。

　　　「よくグレなかったねとか言われます。うち，普通だから，普通。よく頑張ったね，大変だったねとか。頑張った記憶全然ないんで，いや普通ですけどって」

　　　「別に自分で悲惨だと思っていないから，同情されることじゃないって。〈励まされると〉かわいそうな家の子なんだってねって言われているように感じてしまって。かわいそうじゃないですよ，うちの親は立派ですよって言い返してた，若い頃は」

　友だちに親をからかわれる経験をしたと語るコーダもいました。

　　　「たまに，親をバカにする発言を〈友だちは〉してきたりします。冗談かどうかわからないんですけど。お前の親，きこえないのかって，何気な

く。〈親は〉しゃべると声がおかしかったりするじゃないですか。お母さんが，友だちがいる前で僕を注意しようとしたとき，声が出ちゃって。友だちが，それをあとで何回も何回もマネして言ってきたり。嫌でしたね。最初は笑って流しますけど，やっぱ何回も何回も言ってくるとしつこいなって。無視というか，しらんぷりというか，聞こえないフリして過ごしました」

　学校の先生からの励ましの言葉に対して，違和感を覚えたというコーダもいました。

　　　「高校のときに担任の先生が，お前の親，聴覚障害者だから幸せにしてあげるんだぞとかって言うんですよ。頑張れみたいな。別に頑張ってるし，それがなくともって，そう思った。何でそんなこと言うんだろうって不思議な感じ。別に，うちは普通だからみたいな感覚なんで」

　その他，周囲から過剰な期待を受けてきたと語るコーダも多く見られました。このような周囲からの声かけは，ときにコーダにとって，きこえない親と自分が，社会から特別視されているような感覚に陥ることがあるのです。このことについては，第7章第1節でも取り上げました。

### ◆相談できる相手がいない
　疲れてしまったり，思い悩んだりしても，周囲に相談できる相手がいなかったと話すコーダもたくさんいました。悩みを誰かに相談したくても，周囲には自分の境遇を理解してくれる人がいなくて，ましてや親に相談するわけにもいかずに，一人で抱え込むコーダの姿が浮かびました。

　　　「答えが欲しくて，でも誰に言っていいかわからなくて，余計な悪循環をしていた。なんか，自分がだんだんと難しくなっていった。どうしていいか，わからなかった。親に言うと親を困らせてしまう。困ると思って，でも学校に答えを求めても，むしろ学校の方が知らなかった」

「誰かに相談する気にはなれなかった。言っても〈周囲の人は〉わからないでしょという気持ちは，コーダのみなさん，もしかしてあるのかなと思ったりします。結構頑なですよね，思春期の時代は」

「友だちに言ってもわからないし，言わなかったです。親が障害……って積極的に言えなかったです。恥ずかしいというのがあったのかもしれない」

「相談できないですよね。だって相談しようがないし。非常にレアケースだから，自分で考え出すしかなかったですよね」

「中学校の先生に相談したんですけど，あなたみたいなケースはないから，どうしたらいいのかわからない的な答えしか返ってこなくて。誰に言ったらいいんだろうって」

「悩んでいたとき，相談する場があれば相談してたと思います。悩んでいる胸の内を話せる場があればよかったなあって思います。誰にも相談できなくて1人で抱え込んでいたから。友だちや先生に話す話じゃないし。先生に言っても，これは家の中のことだから違うなあと思うし」

　コーダが，相談相手がいないと感じるときには，似たような経験を経たコーダの先輩のエッセイや SNS などを見聞きしたり，コーダが集まるグループに参加してみたりすることが，もしかしたら孤独感や不安感の解消につながるかもしれません。コーダが集まるグループについては，第7章第3節で触れます。

## 4. 成人期のコーダの気持ち

　コーダにとって青年期とは，親や周囲の人々に対してさまざまな気持ちが同

時に湧き起こるような時期でしたが，やがて成人期には，コーダは通訳の役割や親のきこえないことを理解して，親を受け入れるようになっていました。図4.1 の成人期段階に示した 5 つのこと（知識を得る，自分の人生の転機，視点を切り替える，周囲は特別視していないと気づく，自然に受け入れる）が，コーダが親を受け入れていく契機と解釈できそうです。

## 1）親の理解と受け入れ

### ◆知識を得る

　コーダが将来のことを考えて自分を見つめ直したときに，自分と切っても切り離せないものにきこえない親や手話があると気づき，さまざまな知識を得ることで，理屈で親を理解できるようになっていったというエピソードがありました。

> 「今は，手話を勉強することによって，〈親から〉きかされていた歴史をきちんと認識して受容できるようになってからは，まぁ尊敬してるかってきかれたら，尊敬してんのかなって」

　とくに，ろう者の親をもつコーダの場合には，大人になってから，"手話を勉強してみよう" という気持ちに切り替わっていく様子が見られました。青年期には，あれほど恥ずかしがったり嫌がったりしていた手話でしたが，自分を見つめ直し，人には無い自分の特技に手話があると気づき，中には職業として手話通訳を選択していくコーダもいました。

> 「今ふと思ってるんですよね，手話通訳，勉強してみようかなって。前はすごく〈通訳が〉嫌だったけど，その気持ちはだんだん薄れてきていて，今は勉強してみたいなっていう気持ちになったんです。ちょっと勉強すれば，親と話すのも楽になるかなって。手話を覚えて，どっかでボランティアをしたいとか，そういう天使の心ではなくてね」

「大学に行って楽になったと思います。大学の授業で，聴覚障害の勉強とかする中で，理屈で理解できるようになってきたというか，障害というものを」

◆自分の人生の転機
　また，進学や結婚など自分自身の人生の転機によって実家を離れることで，親への通訳の役割がなくなって，親と心理的にほどよい距離感を保てるようになれたと語るコーダもいました。結婚，出産などを経て，自分の生活や心に余裕ができることで親のありがたみを感じて，親を受け入れ始めることができたコーダもいました。

　　「だから通訳とかじゃなくて，あくまでも娘として実家に帰ってのんびりできるようになったかな。今もありますよ，実家でテレビ見てたら，〈親が〉通訳してって来て，わぁ今テレビいいとこなのにって。でも昔は，そこで腹を立ててたのが，今は親に対して優しくなれる。

　　「子どもを産んでからかな，気持ちにゆとりができた。自分の。子育てって，こうなんだって。お母さんも，こうやってやってきたんだって，ありがたみと苦労がなんとなくわかったからかな」

　あるコーダは，成人期になってから「ちゃんと親子になれてきた」と語っていました。これまでのコーダの親子関係の構築過程において，親子の間に常に存在していた「コーダの通訳」がなくなったことをたとえた一言です。親子の間に，通訳を介さない，新たな関係性が構築されたように見えました。


## 2）自己の変化と親の受け入れ

◆視点を切り替える
　また，青年期では親に対して何かと苛立っていた気持ちが，自分自身の人生の経験値が蓄積されることで明るく視点を切り替えることができるようになっ

たと語るコーダもいました。

　「今はもう，だんだんしょうがないかなって思える時期になってきました。思春期のときとかは，親なのになんでとかあったんですけど，いつからか，しょうがないかなって思えるようになって。なんか今もう，親のこういうところが嫌とか言ってられないじゃないですか。まず，自分が変わろうと思いました」

◆周囲は特別視していないと気づく
　自分が思うほど，周囲はきこえない親のことを特別視していないと気づくことで，親への否定的感情が薄れていったと語るコーダもいました。

　「〈周囲はきこえない親のことを〉あぁそうなんだって，あっさり受け入れてくれた。私の想像だったら，もっとかわいそうにとか苦労したんだなとか，偉いなぁとか，お前は素晴らしいみたいな感じかと思ったから。こんなに大丈夫なんだったら，もうちょっと早く〈周囲に親がきこえないことを〉言っていればよかったなぁって思う。私は，もっと悲劇のヒロインだと思ってたから。そうでもなかった。そう思えたから，〈親と〉少し仲良くなれたのかもしれない」

　「社会人になってできた友だちが実家に来たときに，〈親のことを〉すごいおもしろいって言ってたんですよ。お母さんお茶目だねとか，お父さんかわいいねとか。えー？　そんなふうに見えるんだ，とか。その友だちはＯＴ〈作業療法士〉なので，障害のある人に対する理解があるのかもしれないけど，捉え方とか受け止め方とか。でも，そういうふうに言ってくれて，すごい楽チンというか，嬉しかったし。なんか自分自身がすごく気負いすぎていたというか。親が障害があるということに対して，自分自身で追い込むというか，そういうことはあったと思います」

　青年期のコーダが感じる，他と違う親を恥ずかしく思う認識とは，ときに，

コーダ自身の内面に形成されたものでもあるようでした。

◆自然に受け入れる

　成人期になって自然に，親に対する恥ずかしい気持ちが無くなったと話すコーダもいました。

　　　「いつのまにか，ですね。いつの頃からか，親や手話は恥ずかしいことじゃないし，むしろ誇りだったり，と思うくらいの気持ちがあったり。母親の発声する声一つとっても，昔は恥ずかしかったけど今は全然恥ずかしくないし，むしろ嬉しいし。むしろ親がこんな声でよかったって思ったり」

　以上が，通訳の役割を通したコーダの児童期，青年期，成人期の気持ちの変化でした。繰り返しになりますが，これは 25 人のコーダの気持ちの変化をたどった結果です。すべてのコーダに当てはまる変化ではありませんし，25 人のコーダにもそれぞれ著しい個人差がありました。コーダもいろいろですから。コーダのみなさん，あなたに当てはまる気持ちはありましたか。

　次の節では，コーダの児童期・青年期から成人期に至るまでの，親の気持ちを確認していきましょう。

|||||||| **第2節**
　　　**親の気持ち**——コーダの児童期・青年期から成人期

||||||||||||||||||||||||||||||

　前節では，児童期，青年期，成人期に変わってゆくコーダの気持ちを，たくさんのコーダの語りと一緒に見ていきました。続いて，この節では，きこえない親へのインタビュー調査（中津・廣田，2012）をもとに，子どもであるコ

ーダの児童期と青年期から成人期に差しかかる時期を取り上げ，親の気持ちを追っていきます。きこえない親が，子どもが親自身の通訳を担うことについて，どのような気持ちを抱いてきたのか，きこえる子どもとどのように向き合ってきたのかについて，たくさんの親の語りとともに見ていきます。なお，本書における，児童期，青年期，成人期のおおよその年齢は，第2章第1節に示したとおりです。

　以下で説明しているとおり，今回，語ってくださった親の年齢は平均56.0歳です。今まさに子育て真っ最中の親の方々とは，時代背景も感覚も異なる面があろうかと思います。この10年でも，世の中のきこえない親を取り巻く状況は，ずいぶんと変わりました。ですから，若い親の方々には，少し前の時代の話であることは前提に，コーダの子育ての先輩の思いに触れるという気持ちで読み進めてほしいと思います。時代とともに変わりゆく気持ちと，変わらない親の思いを感じとってみてください。そして，コーダのみなさんも，ぜひ親の気持ちに触れてみてください。

## 1．きこえない親へのインタビュー

　筆者たちが全国各地のきこえない親19人にインタビューをしてまとめた内容をもとに，親側の気持ちを考察します。19人の親とは，母親が14人で父親が5人，年齢は47歳から75歳（平均56.0歳）で，全員がきこえる子ども（コーダ）の親です。この節では「コーダ」を「子ども」と表す場合もありますが，子どもとはコーダのことを指しているのだと考えて読んでください。19人の親は，子どもが既に成人期（23歳以降）の年齢という方々も多く，インタビューでは，子どもの主に青年期の頃のことを思い出していただき，「お子さまが通訳を担うことについて，どのように思ってきましたか？」「お子さまに対してどのような思いがありましたか？」など通訳と子どもに対する気持ちについて尋ねました。そして，その語りを分析して，親の気持ちを整理しました。

　見いだされた親の気持ちは，種類別に図示しています（図4.2）。第1節と

同じように，すべてのきこえない親が，ここに書かれている気持ちをもつわけではないことを前提にして，読み進めてほしいと思います（以下，文中の語りの中にある〈　〉は，文脈を明らかにするために筆者が挿入した補足です）。

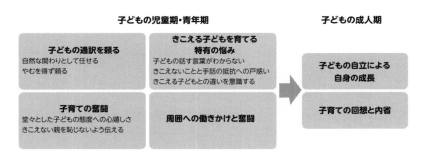

図4.2　子どもの通訳の役割にもとづく親の気持ち
（中津・廣田，2012 をもとに作成）
修正版グラウンデッド・セオリー・アプローチの結果をもとに図式化。

## 2．コーダの児童期・青年期での親の気持ち

### 1）子どもの通訳を頼る

◆自然な関わりとして任せる

　まずは，子どもが通訳を担うことに対して，どのような気持ちをもつのかについて尋ねました。親の語りからは，大きく2つの"子どもの通訳を頼る気持ち"が見いだされました。1つは，家族同士で助け合うことは大切なことであり，きこえる子どもに通訳を任せることは，日常生活の関わりの一部のようなごく自然なことという感覚でした。

　　「〈子どもが通訳をするのは〉当たり前というか自然ですね。そうすることがわが家では自然なことでしたから，ごめんねという気持ちもなかったわけではありませんが，普通の会話の延長のような感覚でした。子どもも，

いいよ，わかったって」

　「子どもには，銀行とか病院とかいろいろと通訳してもらいました。私は，通訳者を呼ぶのがあまり好きではないんですね。娘の方が，気兼ねなくなんでも話せますから。子どもが親を助けるのは当たり前という気持ちのときもありますし，ありがとうとか本当に申し訳ないと思うときとか。いろいろです。長い時間，通訳をお願いしたときは，"ごめんね。手が疲れたでしょ"って言いますし。そうすると子どもは，"何言ってるの，お母さんはきこえないんだから。私は通訳するのもおもしろいから，全然いいんだよ。楽しかったから，またいつでも言って"って言ってくれます」

◆やむを得ず頼る
　もう1つは，親は自分にできることはできるだけ子どもに頼らずに自分で対応しながらも，できないことについてはやむを得ず子どもを頼るというものでした。

　「中，高になると，思春期だからそっぽむくんだけど，大学生になってからは落ち着いてきたかな。電話が必要なときは，電話してもらうし。本当はね，自分でできることはできるだけ自分でやりたいんですけど，難しい場合はごめん，手伝って，お願いっていう気持ちです。それで，終わったあとは，ありがとうって。必ず褒めます。あなたのおかげで，本当にスムーズに通じることができたよ，ありがとうって。〈子どもは〉嬉しいみたいですよ。褒められると，ちょっとは役に立てたのかなって気持ちになるみたいで」

　「なるべく自分でできることは，自分でもしようと思います。でも，頑張ってはみますけれども，やっぱり息子がやろうかって言ってくれると，ホッとしてお願いします。自分ではどうしてもできないこともありますし，やむを得ないですから。こちらから，どうしても通訳してほしいって説明して，やってもらったこともあります。命令したことはありませんし，子

どもが手伝うのは当たり前でしょうなんて言ったこともありません」

　場面によって，通訳派遣制度と子どもの通訳とを使い分けてきたという方も
いました。

　　　「法事や親戚の集まりのときには，通訳者をお願いした方が本当はいい。
　　　理由は，みんなにこういう通訳の人がいるんだってことを，わかってもら
　　　うことができる。それを考えたんですけど，なかなか難しい。法事に通訳
　　　者を連れていくよりも，自然な会話ができるのは娘なんです。通訳者を連
　　　れていくと，どうしても親戚のみんなは，かしこまる。自然な会話ではな
　　　くなる。親戚の人なら，私も小さいときからみんな知っているし，なんと
　　　なく口を見れば言っていることはわかる。なので娘に通訳をお願いして，
　　　わかる範囲で会話をしています。なので，使い分けはしてきました」

　また，子どもには難しい内容の通訳をお願いしてしまって反省したというエ
ピソードもありました。

　　　「そうそう，〈子どもが〉中学３年のときだっけ，難しい内容だったんで
　　　すよ，保険関係。泣きながら一生懸命やってくれました。最後まで，や
　　　ったんですよ。私も，途中で終わらせるわけにはいかないから，うーん頑
　　　張れって。でもね，そのときに，これからは難しい内容は気軽にお願いす
　　　るのではなく，考えてからお願いするようにしようと思いました。通訳は，
　　　技術を習得しないと実際，難しいですもんね。普通の会話とは違いますし。
　　　きいて溜めて情報をまとめて伝える技術。子どもにいきなりお願いってい
　　　っても，できるわけないってこと，反省しました」


## 2）きこえる子どもを育てる特有の悩み

### ◆子どもの話す言葉がわからない
　通訳の話題から派生して，きこえる子どもを育てることに難しさを感じたと

いう方々はとても多く，とくに親子のコミュニケーションに関する語りがたくさん見られました。子どもが何を話しているのか，なぜ泣いているのかがわからなくて思い悩んだり，子どもが手話を習得していないことからコミュニケーションが十分にできず，やるせない思いを抱いたりするような気持ちです。

　　「〈親子のコミュニケーション方法は〉口話です。手話は，娘には通じませんから。私は声を出しますので，声で娘には伝わっていると思います。でも娘の言うことは，私にはわかるときもありますけど，わからないときも多いです。もう一回言って，って何度もきき返します。でも，娘はそれを嫌がって，もう話してくれなくなります。きき返すともう私と目を合わさないので，私が娘の目線の先に移動すると，娘はまた別の方を向く。その方向に私が移動すると，娘は下を向くので，私がテーブルの下に潜り込んで目を合わせようとする。そんなことを繰り返しやっていた時期もありました」

　これは，子どもの青年期の頃のエピソードでしたが，その後，この親子のコミュニケーションの様子は変化したのかも尋ねてみました。

　　「娘と，コミュニケーションが取れるようになってきました。娘の話し方が変わったからですね。昔は，〈娘は〉私の目も見ずに早口でまくし立てているだけでしたが，今はこちらを見ながら，ゆっくり話してくれるようになりましたし，私が口を読み取れなくてきき返すと，理解できるまで繰り返し話してくれるからわかるんです。まだまだ娘の言っていることがすべてわかるわけではありませんが，今はずいぶん落ち着いた毎日を過ごしています」

　実は，この親の子どもにもインタビューしています。子どもと言っても，既に大人になったコーダの方です。

　　「〈青年期の頃は〉もう本当に母への反発で，きこえない，親と通じない，

話せない，そして私が嫌な思いをするというのが本当につらかった。大事
にされているのは，すごくわかっていたけど，親がきこえないのはすごく
嫌だった。でも，これから手話を覚えて，親とすれ違うことなく話をして，
親と向き合ってみたい」

　これからまだまだ，親子でたくさん会話をして，充実感を味わってほしいな
と思います。

## ◆きこえないことと手話の抵抗への戸惑い

　青年期の子どもが，親のきこえないことや手話を恥ずかしく思い，抵抗を示
すようになったことで，親としてどのように接したらいいのか戸惑い，ときに
諦めてしまうような気持ちも見られました。

　　「〈学校の授業参観などの行事に〉手話通訳をつけていくことを，子ども
　　は嫌がりましたね。連れてこないでって。それから，私にも声を出すなっ
　　て。声を止めてって言われました。それはもう，仕方ないと思いました。
　　子どもの気持ちを尊重して，諦めました」

　　「小学校の授業参観のときのことを，よく覚えています。やっぱり娘の
　　授業参観は聞きたいですから，手話通訳を派遣してもらって一緒に行った
　　んですね。そしたら，みんなが注目するんです。みんなが見る中，娘はこ
　　ちらを一度も見ようとはしませんでした。家に帰った後，娘から，みんな
　　見るから嫌って言われましたが，それは仕方がないことなのよって説明し
　　ました。いずれ大人になったら，わかってくれるだろうから，それまで待
　　とうと思いました」

　　「子どもは，両親がろうということが恥ずかしいようです。たとえば授
　　業参観にいくときも，通訳を連れていくわけですけれども，子どもはそれ
　　が嫌らしいんです。だから教室にいっても，子どもは私と目を合わせよう
　　とはしません。子どもの表情をみれば，だいたいどう思っているかはわか

ります。下の子は，はっきり言ってきますね。やだやだ，離れてって。一緒に外出しても，ひとりでどこかに行ってしまいます。仕方のないことです。子どもはきこえますから」

#### ◆きこえる子どもとの違いを意識する

　きこえる子どもは，きこえない自分とは違う世界にいるという意識をもち，ときには子どもと深く関わることを避けようとしてしまう親の気持ちも見られました。

　　「初めての子はいろいろと面倒を見て，かまって育てたんですが，下の子のときは，お兄ちゃんがいるから，私たちはろう者だからきこえる人とは違うからって，きこえる兄に下の子の面倒を任せたんです。下の子はすっかり兄を頼るようになりました」

　　「主人は，息子に何か言われると黙ってしまいます。主人は喧嘩を好まない優しい性格ということもありますが，息子がきこえるからという思いが強いようです。私は，ろう者，聴者関係なく子育てしたいと思い，子どもを叱ることもあります。これまで自分が経験してきたさまざまなことも，息子に伝えたいと思っています。でも，主人は違うようです。主人は息子に対して，聴者だからと目をそむけてしまうところがあるのです」

### 3）子育ての奮闘

#### ◆堂々とした子どもの態度への心嬉しさ

　その一方で，子どもは，親のきこえないことや手話にまったく抵抗がなく，人前でも恥ずかしがることがなく堂々としていたというエピソードも，たくさん教えてもらいました。

　　「娘は，友だちが家にくると普通に，お母さんはきこえないって言っていますね。息子の方は，私がきこえないことを周囲に自慢げに話していま

す。息子は，授業参観のときも，私が行くと手話で喜んで会話しだすんです。私の方が恥ずかしくなっちゃって，もうやめてよって隠れちゃいました。うちの子，おもしろいですよね」

「小学校のときの授業参観も，私はよく行っていたんです。そこでも子どもは，まったく恥ずかしがっていなかったです。私がきこえないことは，もうみんな知っていましたから，私が行くとみんな私を見るんですね。私は恥ずかしかったんですけど，娘は全然平気で，私がいくと手を振っていましたし，明るい表情をしていました。それで，先生も私がきこえないことを知っていて，授業参観では，娘がそのときだけは一番後ろの席に座り，私の近くに来て手話通訳をしてくれました。今，こんな話をしているんだよとか，教科書のここを読んでるんだよとか。私は，通訳はいらないから自分の勉強をしなさいって言ったんですけど，子どもは通訳を続けてくれましたね。今でも，親子でよくその話をします。楽しい思い出です」

「私たち夫婦がきこえなかったり，声が変だったり，外で手話をすることについても，子どもたちはまったく恥ずかしいとは思わないようです。周囲のみんなからは，お父さんお母さんきこえなくてかわいそうとかって言われたりもするみたいなんですけれども，息子は何いってるんだろうね，なんて言っています。小さいときから，お父さんとお母さんはきこえないんだよってことを周りに堂々と言ってました。高校に入ってからも，同じように友だちみんなにそういう話をしていました。授業参観も，来てもいいよなんて言ってますし。入学式や卒業式のときも，通訳を連れてきてもいいよって。私は恥ずかしいし目立つからって遠慮してたんですけれども，息子が先生と直接交渉してくれて，何と通訳者が壇上にあがることになったんです。そして通訳さんが壇上に立つのでは私は見づらいということもあって，また息子が先生と交渉してくれて，手話通訳が見やすい位置に，私の席を確保してくれたんですよ」

きこえない親が大好きなまま大人になったコーダについては，第4章第3節

で紹介しています。「コーダが親を大好きだと思うようになるための3つのポイント」も述べています。

◆きこえない親を恥じないよう伝える
　子どもには，きこえない親のことや手話を恥じることなく堂々としてほしいという願いをもち，それをことあるごとにコーダへ伝えていこうとする親の心持ちも見られました。

　　「子どもにきこえないことを申し訳なく思っていたら，進まない。自分がきこえないことを，ちゃんと子どもに説明する。その積み重ねです。自分に自信をもつ。親だけじゃなくて，他にもきこえない人はたくさんいるということも知ってもらう必要があります。それから，お父さんお母さんは，きこえないだけで，こんなこともできるんだよとか，そういう話もしてきました。そんな感じで，これからも頑張っていくつもりです」

## 4）周囲への働きかけと奮闘

　きこえないことに関して，周囲の理解を得るために行動し，その結果，子どもにとっても親にとってもよい環境が整っていったというエピソードも，いくつか見られました。とくに子どもの学校の場面では，学校側に働きかけたという経験をもつ方が，とても多かったです。

　　「娘の学校行事には，手話通訳の方を連れて行っていました。娘が小学生のときは，珍しがってみんな注目するわけです。それではまずいなと思って，先生に相談しました。娘が小学校4年生だったかな。クラスの子どもに，きこえないとはどういうことなのか，どうして通訳者さんを連れていくのかについて講演をさせてほしいってお願いをして，時間を作っていただいて，実際に講演会をしました。そのあとは，みんな注目しなくなりました。息子のときも，やっぱり同じように先生に頼んだんです。息子は，友だちから，お母さん手話すごいねとか，手話教えてとか言ってもらった

り，羨ましがられたりするよって自慢げに言っていましたね。ホッとしました」

「PTA の人たちの中で，なんと手話を勉強する機会が設けられることになりました。私が指導する立場になったんですね。みなさん集まって，少しですが手話がわかるようになってきました。息子も嬉しそうにしていました」

## 3．コーダの成人期での親の気持ち

　ここからは，コーダが成人期に差しかかる頃の話に移ります。親の気持ちも，変わりゆくことがわかりました。子どもと親が互いに歩み寄ることで親子の認識の隔たりは解消されて，あらたな親子の関係性が形作られていくようでした。

### 1）子どもの自立による自身の成長

　子どもの成人期には，親は子どもの通訳に頼らずとも，通訳派遣制度などの社会資源を活用して，できることは自分で行おうとする気持ちに変化している様子が見られました。この変化の背景には，子どもが成長して忙しくなり，通訳を担えなくなった状況や，子どもに促されて，社会資源を活用するようになっていく状況がありました。

　　「今は，病院などの通訳も，息子にお願いしても通訳を頼めって言われますし，あんまり〈子どもに〉お願いしないですね。自分でできることは，できるだけ自分ですることが大切だと思うようになりました。私，成長したでしょ(笑)。子どもは通訳のために生んだのではないですから」

　　「今は，もう娘たちも成長して，仕事にも就くようになりましたからね。あまりお願いできなくなって，一人で行動する機会も増えてきたのですが，

やっぱり不安に思うこともあって。だから，はじめは娘に一緒に行っても
らって，いろいろと手続きなどを教えてもらって，だんだん経験するうち
に慣れてきて今では平気になりました。もっと通訳者をお願いして，来て
もらえばいいんですが，それよりは自分で頑張って筆談したりとか身振り
を交えたりしながらなんとかやっています」

## ２）子育ての回想と内省

　子どもが成人したあとに，子育ての過程を思い起こしながら，今あらためて
自分自身と向き合い，子どもの思いに気づいていく語りもありました。

　「〈家族で〉外出すると，夫婦二人ではいろいろと人の話すことがわから
ないので，息子が自分の責任だと思って，間に入って通訳をしてくれてい
ました。責任感で。そのときは，とても嬉しくて，頼りにしていたのです
が，今思えば，息子には責任の重い，過剰な負担をかけていたかなと反省
しているところです。子どもが，きこえない親の代わりに役割を果たして
くれてきたことは，私たち夫婦にとってはラッキーなことであったかもし
れませんが，息子にとってはアンラッキーなことだったかもしれません」

この方からは，インタビュー後に，心に沁みるお手紙が届きました。

　「子どもは，ろうの私たちにとっては非常によくできた自慢できる子ど
もでした。でも，子ども自身の人生を考えると，私たちの育て方は間違い
もあったのではと。こんなことは，子どもには言えませんし，言ってはな
らないことだと思いますが。母親として生涯背負い続けるんだと思います。
子どもは親を選べないですから，責任重大ですね。〈中略〉　最後に，言い
訳みたいですが。私の子育てに間違いはあったとしても，ろうの母親とし
てそのときそのときを，よかれと，子どもとともに精一杯一生懸命考えな
がら生きてきたということです。そこに母親としての誇りはもっていま
す」

19人のきこえない親の気持ちから，それぞれの親が奮闘しながらあゆんできた道のりを感じ取ってほしいと思います。

## きこえない親が大好きなまま大人になったコーダ

|||||||||||||||||||||||||||||

　第4章第1節ではコーダの気持ちを，第2節ではきこえない親の気持ちを，それぞれ確認してきました。コーダにも親にも多様な気持ちが見いだされ，さまざまな親子の物語があることを実感しました。読者のコーダのみなさん，「この気持ち，わかるわかる」と共感したり，「へぇ，同じコーダでも，こんな気持ちになることもあるのだな」と思ったりした箇所などはありましたか。あるいは，「うーん，全部，自分とは微妙に違うな」と感じたコーダの方もいたかもしれません。コーダの気持ちは，本当に多様ですから。

　さて，さまざまなコーダがいた中で，私がとくに印象深かったのは，きこえない親が大好きなまま大人になったコーダです。インタビュー調査（中津・廣田，2012）をした25人のコーダのうち，2人が該当しました。2人以外にも，青年期の第二反抗期を経て親からしっかりと自立していくという，いわば健全な成長発達の過程をたどったコーダもたくさんいましたが，ここでは，きこえない親が大好きなまま大人になった2人のコーダの共通点を調べ，健やかな親子関係形成のヒントを探ります。

# 1．親が大好きなコーダのこと

## 1）コーダが親を大好きだと思うようになるための3つのポイント

2人の例ではありますが，大きく3つの共通する特徴が見られました。

---

**コーダが親を大好きだと思うようになるための3つのポイント**
1．親が子どもに前向きな姿勢をみせる。
2．親子で，親のきこえないことについて，たくさん対話をする。
3．親子の周囲の人々が，親がきこえないことに，とても理解がある。

---

　これらは，コーダの内面に形作られる，他と違う親への恥ずかしさを防ぎ，コーダが親を大好きだと思うようになるための重要なポイントであろうと考えました。

### ポイント1・親が子どもに前向きな姿勢をみせる

　親のことが大好きなコーダのひとりは，通訳や親を否定的に捉えたことはないという話の流れから，

　　「きこえないことを恥ずかしいと思っている親だったら，私も親を恥ずかしいと思ったり通訳を嫌だと思ったりしたと思うんですけど。うちの親は，きこえないことがなんで悪いというような感じの親だったので」

と語っていました。そういえば，このコーダのきょうだいも，似たような話をしていました。

　　「うちは，母親が，気が強いというか，見られても別にというみたいな。きこえないから恥ずかしいとか，きこえないからできないとか，そういう

ことを言う親ではなかった。お母さんの力でしょうね」

このコーダの母親もこのように語っていました。

「昔は，外で手話を使うことは恥ずかしいと思われていましたし，周囲
からもじろじろ見られることがありましたが，子どもには堂々としていて
ほしいと思い，そのように育ててきました」

親が子どもに，前向きな姿勢をみせていくことの大切さが伝わります。もう
ひとりの親が大好きなコーダも，似たようなことを言っていました。

「親を心配したこと？　あー，ないですね。お母さんすごいしっかりし
てるんで。しっかりしてるし，しかも，すぐにどっか行くんですね。あれ，
今日どこ行ってんの？　って。で，毎日充実してるんで，私はそんな心配
じゃないです。なんか，自由に，いろいろできるんで。だから，たとえば
市役所とか行って困ることがあるんだったら，私も一緒にいくけど，基本
ほとんどないんで。一人でできるんで，お母さん，なんでもこなしちゃう
んで，心配とかないです」

**ポイント2・親子で，親のきこえないことについて，たくさん対話をする**

ふたつめの共通点は，親子で，"親のきこえないこと"について，たくさん
対話をすることであり，親が大好きなまま大きくなったコーダが，その思い出
を語ってくれました。

「お母さんは補聴器を付けてるから，ちょっとは音がきこえていて，ど
んなふうにきこえてるとか教えてくれるから私も知ってます。お母さんが，
きこえなくて一人では難しいこととか，逆に普通にできることとかも。き
こえる人と，きこえない人って違いますけど，そんなに変わらないじゃな
いですか，それ以外に」

「きこえない人って，なんか違うじゃないですか。それお父さんに言ったら，ろうの世界ではろう文化っていうのがあって，きこえてる世界ときこえない世界とでは，捉え方が違うんだよとか教えてくれて。それ言われて，なるほどと思って納得しました」

「なんか，親きこえなくて大丈夫？　とか友だちに言われたときとか，家に帰ってすぐ親に言います。ちょっとムカついたとかって言うと，お母さんもムカつくって（笑）。お母さん，そもそも，めっちゃ喋るし，なんでもきいてくれるんで」

**ポイント3・親子の周囲の人々が，親がきこえないことに，とても理解がある**

また，ふたりのコーダに共通して，周囲の環境に恵まれたという特徴的な語りが見られました。

「やっぱり環境だと思います。周りに理解があれば，きこえない親が嫌とか，そういうふうに思わない。私も環境がよかったんだと思います。あとは自分しだいだと思います」

このコーダの母親はインタビューで，周囲の環境についてこう語っていました。

「たまたま環境がよかったのかもしれません。以前，住んでいた場所は，周りに知り合いが多くて，近所にはろう学校に勤めている方もいて，手話がうまくて。今の家に引っ越したときは，上の子も下の子も，近所に"お父さんお母さんはきこえないけれども，よろしくお願いします"と言ってくれたり，"手話を覚えてくださいね"ってお願いしてくれたりして，とても驚いたことを覚えています。息子たちには，そこまでしなくてもいい

よって思いながらも，嬉しかったです」

　　「近所のお母さんはみんな，手話サークルにまで入ってくれたんですよ。近所の人たちを集めて，私が講師になって，手話の講習会もしました。たぶん環境に恵まれたのかなと思います，私たちは」

　ここで，第4章第1節のコーダの語りを思い出してほしいのですが，青年期のコーダの中には，周囲の目を気にしすぎるあまり，きこえない親や手話を恥ずかしく思ってしまう例がありました。その語りを読むたびに，コーダと親を取り巻く環境に理解者が大勢いれば，周囲の目を気にする気持ちは軽減されるのではないかと感じました。だからこそ，コーダについて，社会にもっと正しい理解が広がっていくことを願います。
　繰り返しになりますが，親が大好きなままの2人のコーダの共通点とは，親が子どもに前向きな姿勢を見せ，親子できこえないことに関してたくさん対話をし，周囲の人々も親がきこえないことについて理解があったという点です。大切なポイントとして，押さえてほしいと思います。


## 2．想像以上にコーダの心に突き刺さる言葉

　対極の例も，ここで取り上げます。コーダが，他と違う親であることに抵抗を示し始める青年期に，親自身がきこえないことに引け目を感じるような態度であると，コーダの "他と違う親" に対する否定的な気持ちが，どんどん助長されていったり，コーダが，親を弱者と認識して親の代わりに頑張って，親を守ろうとしてしまったりする可能性があると考えています。
　コーダの語りに幾度となく出てきた，親の言葉があります。

　　「お父さん，お母さん，きこえなくて，ごめんね」
　　「きこえる親の方がよかったよね」

　親自身がきこえないことに否定的であるときに，その親の気持ちは，子どもであるコーダの心にいつまでも残り続けることが多いようです。ここでは一気にコーダの語りを紹介します。多くのコーダが，親の「きこえなくて，ごめんね」という言葉に対する思いについて語っています。

　「〈親は〉いつも謝ってたような気がするな。中学くらいになると，お父さんとお母さんはきこえんけどごめんな，っていつも謝ってた。もうそれが，うざくてしょうがなかった。別にそんなこと私は，悪いとも別に思ってないのに，謝られることがすごい嫌やったな。こっちは，そんなに苦にしてないのに，謝られると特別悪いことしてるような。なんで，いちいち謝るんっていう，うっとうしかげんっていうか」

　「母親から，“私がきこえないから友だちの家に遊びに行くんでしょ”みたいなことを言われるのが嫌で，ひどくぶつかったりしていました。そうじゃないでしょって言いたい。たぶん親がきこえてても喧嘩はあったかもしれないのに，そうやってすぐきこえないせいにして。それで逃げ道を作ってほしくないというか。最近もありました。そう言われるのが一番嫌です。それ言われたら3日くらい，へこみます。他には何言われても全然気にしないんですけど，母がきこえないからって言うのは，惨めな気持ちになるっていうか。私からしたら，母であり家族であり，きこえないことはまったく関係ないのに」

　「私が大学ぐらいのときだったんですけど，母親が，“お前はきこえない親の子どもでかわいそうだ”と言ったんですよね。流れはわからなかったけど，やっぱり親とうまくコミュニケーションが取れなかった時期だったんですね。母は，私に対して躾というのをまったくしたことがなかったし，怒ったこともなかったし，いいとか悪いとか言ってきたことがなかったので。それは，祖母の役目だったので。そういうやりとりがなかったことも今につながってるというか，親子関係の希薄さにつながってるというか。私が，なんで怒ってくれないのって母に言ったときだったと思います。

母が，"私がきこえなくて，あなたは，かわいそうだから"と言ってきて。何も言葉を返せなかったですね」

「私は，とりあえず母親から，きこえないからしょうがないみたいに言われるのが嫌で。母親に，"きこえないって障害をもってるんだから，きこえる人とは違う"って言い方をされると，違うけど，違うけど何か，そこで区別しないでって。家族の中で別に差なんて無いのに，きこえる人，きこえない人って分け方をするのが嫌です。そこが嫌です，そうです，同じだからみたいな感じなんです，私は。わかりますか，このこと」

「きこえなくてごめんねって，言われてました。それは非常に気分のいいものじゃなかった気がしますよね。要は，それは言わないでくれって。だから，悲しいじゃないかみたいな。しょうがないんだから，みたいな感じって言うんですか。そうそう，だから，母親がたとえばそういった"ごめんね，お母さんのせいだよね，私なんかいなきゃよかったんだよね"って，たまにあったんですよ。それは一番，恐ろしいことで，一番つらいことだったんで，そう言われないようにしてましたよね」

「親に，私はきこえないからと言われると，惨めな家族に思えてしまいますよね。そうならないように，自分は一家の大黒柱として必死で頑張ってきたって，今となっては思います」

「母が，ごめんねって謝るんですよ。それがまた嫌だったですね。ごめんねとは，言わせないようにしてましたね。言われるのが嫌じゃないですか。やっぱりコミュニケーションの面では母の通訳をしなくてはいけないってことは，たくさんありましたけど，身の回りのこと，食べることとか洗濯とか，そういうことは全部母に依存してましたから。子どもとして。なのに，ごめんって……」

「何がごめんなの，親子なのにって思ってしまうときもあります。きこ

えなくてごめんねって言われても，しょうがないっていうか，それは子どもにはどうしようもないんで」

　親から言われる「きこえなくて，ごめんね」は，親が想像する以上にコーダの心に突き刺さる様子が伝わります。あるコーダは，このように語っていました。

　　「きこえないお母さんやお父さんには，もっと自信をもってって言いたい。乱暴な言い方すれば，きこえないけど文句あるかくらいの気持ちでいてくれれば，いいんじゃないかな」

　きこえない親の方々には，きこえないことや手話に対して，いつも堂々と前向きに，自信をもって向き合い続けていてほしいと思います。それは，コーダにとって，とても嬉しいことなのです。


||||||||| **第4節**
　　**親を受け入れる時期が遅いコーダ**

||||||||||||||||||||||||||||

　第4章第1節では，コーダにおける通訳と親に対する気持ちと，その変化をたどりました。児童期のコーダは，通訳の役割は物心ついたときからの当然の役割とし，青年期では通訳の役割と親に対して，否定と肯定の両極の気持ちを抱きつつも，やがて成人期には，通訳の役割や親のきこえないことを理解して受け入れていく傾向にありました。
　しかし，インタビューをした25人のコーダの語りにじっくりと目を通してみると，親のきこえないことを理解して，心理的に親を受け入れる時期にはずいぶんと個人差があることに気づきました。とくに，親を受け入れたと本人が述べた時期が，圧倒的に遅いコーダがいたのです。自分自身がコーダであるこ

との事実は受け入れているのに，親子の間に，何か見えない溝があるような時期が長く続くのです。

　そこで，本節ではコーダ自身が，親を受け入れたと感じた年齢を確認し，受け入れる時期が遅くなる理由を探ってみることにしました。

　ここからは，筆者たちの研究（中津・廣田，2014）のうち，コーダ23人へのインタビュー調査の内容を中心にお話ししていきます。インタビュー調査では，通訳の役割と親について，どのように思ってきたかを尋ねながら，「自分自身（コーダ）が，親のきこえないことを理解して受け入れたと感じたのは，おおよそ何歳頃と思うか」を確認しました。併せて，青年期に親の通訳を担ったときの感情を測る質問紙（寺崎・岸本・古賀，1992）にも回答してもらいました。

　23人のコーダとは，女性が13人で男性が10人，インタビューを行ったときの年齢は，23〜53歳（平均30.3歳）でした。出生順でみると，長子（長男・長女）10人，末子（末っ子）7人，ひとりっ子6人で，そのうち2人はきょうだい関係にありました。


# 1．コーダが親を理解して受け入れた時期

　「自分自身が親を受け入れたと感じた年齢は？」と尋ねられたとしても，答えるのは，やはりちょっと難しいですよね。何をもって親を理解したとか，受け入れたとするのか，そもそも親を受け入れた感覚などあるような，ないような……。そこで，23人のコーダの方々には，「自分自身が，親のきこえないことを理解して受け入れたと感じたのは，おおよそ何歳頃と思いますか」と尋ねつつ，インタビューの中で，筆者が，「このタイミングが，親を受け入れたと言える時期かな？」などと話をしながら，年齢を確定しま

親の受け入れ年齢
平均20.3歳

コーダ23人中
22歳までに親を受け入れた18人
22歳以降に受け入れた5人

図4.3　コーダが親のきこえないことを受け入れたと考える年齢

した。

　その結果，23人のコーダが，親のきこえないことを理解して受け入れたと考える年齢は，平均20.3歳でした。23人のうち，22歳までに親を受け入れたと回答したコーダは18人，22歳以降と回答したコーダは5人でした（図4.3）。その5人のうち，20代のうちに親を受け入れたコーダは3人，30代が1人，40代が1人でした。なお，この23人の中には，先ほど第4章第3節で紹介したような，「親のことが大好きなままのコーダ」は含まれておらず，皆，親に対して何かしら葛藤する時期を経て，親のきこえないことを受け入れていました。

## ２．親を受け入れる時期が遅くなるのは，なぜ？

　この研究では，22歳以降と回答した5人のコーダを後期受け入れ群（親のきこえないことを理解して受け入れる時期が遅いコーダのグループ）と設定し，後期受け入れ群が，親を受け入れる時期が遅くなることには何が関連するのかを統計的手法を用いて分析しました。

　その結果，親のきこえないことを理解して受け入れる時期が遅くなることは，以下の4つの要因が関連するとわかりました。

---

### 親のきこえないことを理解して受け入れる時期が遅くなる要因

・きょうだいとの通訳の役割分担がない（ひとりっ子も含む）
・児童期に，親を守る気持ちを強くもつ
・青年期に，親に対する不満感情が低い
・青年期に，親に対する戸惑い感情が低い

---

　性別や幼少期の親子の会話方法などは，関連が認められませんでした。
　この分析結果を初めて見たときに，筆者は，「え？　そうなの？」と思わず声をあげました。筆者はてっきり，青年期に不満感情や戸惑い感情が高いコーダのほうが，親を受け入れる時期が遅くなると考えていたのです。この結果に

は，いったいどのような意味があるのでしょうか。

　5人の後期受け入れ群のインタビュー内容を，あらためてじっくりと確認してみると，親を受け入れるまでの流れが，大きく2つありました。ひとつは，児童期と青年期にずっと蓋をし続けていた感情が，大人になったあるときに，耐え切れず一気に爆発して，その結果，親を受け入れる時期が遅くなってしまったパターンです。もうひとつは，青年期が終わる頃，自分自身をあらためて見つめ直したときに，「あれ？　私の親との関係性って，これでいいのかな。このまま生きていっていいのかな？」と，ふと疑問に思い始め，それでも強い使命感のもと，自分の不満感情は抑えて表面上は変わらず親の通訳を引き受けるのですが，心の中では迷い続けたパターンです。いずれも最終的には，親を受け入れるのですが。

　分析の結果について，筆者たちは，このように考察しました。「きょうだい間で通訳の役割を分担することがない，あるいはひとりっ子で通訳の役割をすべて担わなければならないコーダは，児童期に親を守る気持ちを強くもつことで，親に対する過剰な責任感が形成されることがあり，青年期でも不満感情や戸惑い感情を知らず知らずのうちに抑制してしまうのであろう。そして結果的に，大人になってから感情が爆発してしまったり，またはいつまでも心の中で葛藤が続いてしまったりして，結局，親のきこえないことを理解して受け入れる時期が遅くなるのではないか」という考えです。

　幼少期に蓄積された過剰な責任感は，青年期の不満感情や戸惑い感情を抑制してしまうほど大きなものなのだと実感しました。大人になったコーダは，しばしば

　「私には，自分というものがない」
　「自分の感情が，よくわからない」

と口にすることがあるのですが，それは，人にもよりますが，小さな頃の過剰な責任感によって生まれた感覚でもあるのかもしれないと考えました。

## 3．親を受け入れる時期が遅いコーダのこと

　後期受け入れ群5人のうち，3人のコーダが，自分は小さい頃から家族の大黒柱で，親を守る立場にあると意識していたと語っていました。

　　「自分が家族の中で大黒柱的なポジションにいたので。親子逆転してますよね。通訳も小学生くらいからやってました。親から，私たちできないからと言われたら，じゃあ，わかったと言って……」

　　「一家を支えるぞ，みたいな気持ちは昔からありました。近所づきあいでも，率先してやらないと，親はわからないじゃないですか」

　　「親に対してかわいそうというのもずっとあって。親に対して，おばあちゃんから，親を守ってって言われてきたから，今まではずっと，親のことも自分の責任みたいな形があったんですよね」

　また，5人のうち2人のコーダは，家族の中で自分が親の通訳を担うことが当然とされる雰囲気の中で，自分自身のさまざまな感情を抑えていたと語っていました。

　　「ほとんど私がやっちゃうから。親も私を頼ってるから。私で十分まかなっちゃうから。物心ついたときから，そうだから……」

　　「悲しいと思ったことは，一度もないです。いつでも開き直れるって感じ。嫌という気持ちはあったけど，変換してた気がする。自分の気持ちはちょっと置いといて，通訳しなきゃいけないものだって思って，してたから」

　このような後期受け入れ群のコーダのその後について，大人になったあると

きに感情が爆発してしまったけれども，長いときを経て，やがて親と穏やかな関係性になれたというエピソードを紹介します。

> 「私も親も，大爆発になった。何歳かな，20歳過ぎかな。そのときに初めて，親のきこえる，きこえないのことで大喧嘩になった。親が私に，"あなたには，きこえない私たちの気持ちがわからない"って言ったので。これまで私，いつも親にべったりで，親のために親を守ろうと通訳してきたのに，その親から，私たちの気持ちなんてわからないでしょって言われた。
> それが，たぶん，私の中の何かの引き金をひいたみたいで。初めて親に向かって，"私はどんなに頑張っても，きこえるんだから，きこえない親の気持ちはわからない"って，初めて言った。"なんで私を，きこえるように産んだの？きこえないように産んでくれたらよかったのに"って，初めて言葉に出して言った。泣いたねー。うん。うん。そこが何かこう，うわぁってなった瞬間」

このコーダの物語ですが，その後，長い間，親と距離を取り続けたそうなのですが，

> 「長い間，親から離れて，少し落ち着いた自分もあったんだと思う。ふと，親とのことについて長い間，蓋してきたことは，逃げても逃げ切れない，どこまでも逃げられない，これは私の問題だから向き合わないと，って思い直して。そこから親を受け入れた。今，全然楽ですね。私は，きこえるんだから仕方ないって発してしまったあの瞬間から私，少し変わったと思う」

と，今ようやく，親との穏やかな関係を楽しんでいるとききました。

続いて，ずっと心の中では迷い続けながらも，結婚して家を離れてから，親を受け入れられるようになったという，別の後期受け入れ群のコーダのエピソ

ードです。

　　「なんか，そうですね，今ちょっと解放された感じがしますね。私は結
　構，自分の気持ちをちょっと置いといて，親の言うことをきくってところ
　があったみたいです，無意識のうちに。
　　通訳者として，あちこち親について行くようになったのも，全部お母さ
　んに言われたからです。引き金は，あの人です。行きたくなかったんです，
　私。わかりますよね？　この気持ち。本当に何で，そんなところに行かな
　きゃいけないんだって。でも，お母さんが，もうあなたが通訳するって決
　めちゃったって言ってるんですよ。わけわかんなくないですか？　勝手に
　私の承諾もなく。でも，私も，もっと頑なに行きたくないって言うことも
　できたのかなって。そこは，昔からの，親を助けなきゃいけないって気持
　ちがあるんじゃないですかね，無意識のうちに。
　　でも，結婚して親から離れたことによって，重い荷物を下ろせたような
　感じがします。親のことも，ま，なんとかなるかって受け入れられるよう
　になりました。親から何か頼まれても，今は断れるかな」


　ここでは，親のきこえないことを理解して受け入れる時期が遅いコーダのこ
とを，お話ししてきました。筆者には，後期受け入れ群のコーダの語りに触れ
ながら，ずっと気になっていることがありました。コーダにおける「親を守
る」気持ちとは，いったい何だろうということです。後期受け入れ群のコーダ
を思うたびに，大げさに言ってしまえば，児童期・青年期に形成された親を守
る気持ちが，その後の人生を支配しているような気がしてならなかったのです。
　第4章第1節のコーダの語りからも，親を守る気持ちが見いだされました。
児童期では，自然に親を助ける気持ちがあり，青年期では，大好きな親を助け
る気持ちと，一方で親を無力な存在と認識して守ろうとする気持ちがありまし
た。コーダの親を守る気持ちを，もう少し深く知りたいと思いました。

# 第5章
# コーダが親を守る気持ち，
# 親がコーダに頼る気持ち

　第4章では，親を理解して受け入れるまでの時期が長期化してしまうコーダの話をしました。小さな頃から親を守ろうと頑張って通訳をして，青年期でも不満感情や戸惑い感情を抑えていたコーダほど，最終的に親を受け入れる時期が遅くなってしまう傾向にあるという結論でした。本章では，親を守る気持ちをさらに突き詰めてみたいと考えました。コーダにおける，親を守る気持ちとは何なのか，親を守る気持ちはどのようにして作られていくのかについて，見ていきたいと思います。

　なお，文中の語りの中にある〈　〉は，文脈を明らかにするために筆者が挿入した補足です。

## |||||||||　第1節
## 　　コーダが親を守る気持ちは，何によって形作られるのか
|||||||||||||||||||||||||||

## 1．小さいときから，親を守る気持ちをもってきたか？　　　∙∙∙∙∙∙∙∙∙∙∙

　ある方が，小さなコーダに，ちょっとした違和感を覚えたという話をしてくれました。

　　「ある日，きこえないご夫婦と出会いました。そのご夫婦と，いろいろと話をするときに，確か小学3，4年生くらいのきこえるお子さんが通訳してくれました。しっかりとしていて，大人びた子どもだなという印象でした。
　　最初はその子に通訳をお任せしてたんですけど，大変そうで，さすがに負担だろうと思って，こっちは親に向かって，ゆっくり，筆談もしながら話すようにしてみても，やっぱりどうしてもその小学生の子どもが，親の前に出てきて答えるんです。何か，これでいいのかな，というモヤモヤした気持ちは，今でも覚えています」

　小学生のコーダの気持ちを，考えてみました。もしかしたら，目の前で親が困っている姿を見たくなくて，頑張って通訳をしたのかもしれないし，そこまで意識的には捉えていなくて，小さな頃から自然に担ってきた役割を，当然のようにこなしていたのかもしれないと想像しました。
　ここで，第2章と第3章でも取り上げた，13歳から54歳までのコーダ104人のアンケート結果を引用します（中津，2017）。23歳以上の方には，青年期の頃を思い出して回答してもらいました。
　このアンケート調査には，「小さいときから，親を守る気持ちをもってきましたか？」という質問項目を設定していました。実は，同時に，41歳から76歳のきこえない親97人にもアンケート調査に回答してもらっていました。親のアンケート調査には，「子ども（コーダ）は，小さいときから，自然に親を

守る気持ちをもってきたようでしたか？」という質問項目を入れていました。子どもが既に成人期（23歳以上）である親の場合には，子どもの青年期の頃を思い浮かべて回答してもらいました。

　コーダと親の回答をグラフにしました（図5.1）。コーダは，半数近くの44％が，小さいときから親を守る気持ちをとてももっていて，28％がときどきもっていました。一方，子どもは小さいときから，自然に親を守る気持ちをとてももっているようだと思っている親は19％，子どもは，ときどきは親を守る気持ちをもっているようだと思っている親は41％でした。

　図5.1の「すごく思う」の親子の回答に注目すれば，コーダと親の認識には少し開きがあるように見えます。この数字だけでは一概には言えませんが，親が思う以上に，親を守る気持ちを強くもつコーダもいるのかもしれません。

　大人になったコーダのさまざまな語りです。


　　「なんて言うか，よく大人になってくると母親が可愛らしくなってくる，逆に面倒みたくなるって逆転する感覚があると思うんですけど，それが小さい頃から自然にあったから。一家を支えるとか大黒柱とか，そこまで思っていました」


　　「親を守らねば，みたいな感じの。私の使命感みたいな」


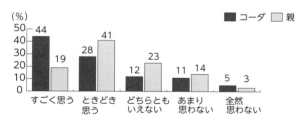

**図5.1　コーダの親を守る気持ちに対する質問**（中津，2017をもとに作成）
　　コーダ104人への質問：小さいときから，親を守る気持ちをもってきましたか？
　　親97人への質問：子ども（コーダ）は，小さいときから，自然に親を守る気持ちをもってきたようでしたか？

　このように，小さな頃から親を守ろうとするコーダもいれば，一方で

　　　「俺は，あくまでその親の子どもであって。わかった，俺が面倒みてや
　　　るなんて気持ちには正直なれない。なんかそうなっちゃうと，自分がおか
　　　しくなりそうな気がする」

というコーダもいました。
　この章では，最初にお話ししたとおり，親を守る気持ちをもう少し深めて考
えていきます。もちろんコーダは子どもですから，親に養育されて成長してい
くのですが，コーダが親の通訳をする場面では，子どもが親を助ける立場にな
り，不均衡で落ち着かない関係性が形作られていくこともあるようなのです。
コーダの方には，「自分も時期によるけど，親を守ろうとしてきた頃があった
よ」とか，「親を守る気持ちは，今の自分に少しあるかも」や，「自分は親を守
る気は無いけど，それはなぜなのだろう」など，ぜひあらためて自分自身を見
つめながら読みすすめてもらいたいと思います。
　さて，ここからは，コーダが意志をもって親を守ろうとする青年期に焦点
を絞り，筆者が行ったコーダ104人のアンケート結果をもとに，「親を守る
気持ちは，何によって形作られるのか」について突き詰めていきます（中津，
2017）。まず初めに，青年期のコーダにおける親を守る気持ちをあらためて
確認し，次にコーダの心理状態を探り，最後に，親を守る気持ちが形作られる
構造を見ていきます。


## 2．青年期のコーダがもつ 2 つの親を守る気持ち

　アンケート調査に，親との関係性を尋ねる質問項目を設けて，コーダ104人
に回答してもらいました。その回答を統計的手法を用いて分析したところ，コー
ダの親を守る気持ちは，2種類の気持ちで構成されていることがわかり，表
5.1 に具体的な項目をまとめました。

筆者は，ひとつめの気持ちには「親を積極的に守る」，ふたつめの気持ちには「親を不可避的に守る」という名前をつけました。

　親を積極的に守る気持ちとは，7項目で構成されています。コーダ自らが親を進んで助けて，親にも頼ってほしいと願う気持ちと解釈しました。もう1つの親を不可避的に守る気持ちとは，6項目で構成されています。きこえない親はできないことが多い弱い存在だと認識して，自分が親から頼られることは逃れられない現実なのだと，仕方なく諦めて通訳を担う気持ちと解釈しました。

　表5.1 には，コーダ104人における各項目の平均点も記載しました。点数を付ける方法は，5段階で，「とても思う」5点，「ときどき思う」4点，「どちらともいえない」3点，「あまり思わない」2点，「まったく思わない」1点です。なお，この項目は，よい，悪いということを見極めるためのものではなく，「今の自分の気持ちは，こういう傾向が強いのかな」などと，自分自身を知り，

表5.1　青年期のコーダの2つの親を守る気持ち（中津, 2017 をもとに作成）

| 項目 | 平均点 |
|---|---|
| **親を積極的に守る　7項目** | |
| 　小さい頃から自然に親を守る気持ちをもっている | 3.63 |
| 　きこえない親とは，ずっと近くにいたい | 2.63 |
| 　親には，きこえるわたしを頼ってほしい | 3.14 |
| 　親の頼みは引き受けたい | 2.89 |
| 　私が親の通訳をすることは，親にとって自慢だと思う | 3.04 |
| 　親の通訳をすることで親を助けていると感じる | 2.65 |
| 　親の通訳をすることは当たり前だ | 4.25 |
| **親を不可避的に守る　6項目** | |
| 　親は，「何をしたらよいのか教えてくれ」と私に頼る | 3.16 |
| 　親はきこえないから，できないことが多い | 3.46 |
| 　親は，自分でできることでも，私に頼る | 3.78 |
| 　親は，実際の年齢よりも子どものような振る舞いをする | 3.37 |
| 　私が本心を言ったら親との関係は崩れるだろう | 4.02 |
| 　親の通訳をすることは仕方がない | 2.85 |

5点満点：「とても思う」5点，「ときどき思う」4点，「どちらともいえない」3点，「あまり思わない」2点，「まったく思わない」1点

見つめ直すきっかけにするためのものだと理解しておいてください。

　さて，第4章第1節のコーダの語りからも，親を守る気持ちは見いだされていて，青年期では大好きな親を助ける気持ちと，一方で親を無力な存在と認識して守ろうとする相対する2種類の気持ちがありました。今回，あらためてアンケートをして分析した結果でも，コーダが親を守る気持ちは2種類でした。

## 3．青年期のコーダがもつ3つの心理状態 ......................

### 1）3つの心理状態とは

　アンケート調査では，コーダの心理状態についても，他の研究（福島，1992）を参考にしながら項目を作って尋ねました。親を守る気持ちの構造を知るために，コーダの心理状態も知っておく必要があると考えたからです。第4章第1節でも，さまざまなコーダの気持ちが浮き彫りになりましたが，今回の104人へのアンケート調査の回答を，あらたに分析してみました。

　その結果，3つのコーダの心理状態が明らかになり，表5.2 に，具体的な項目をまとめました。表5.1 と同じように，表5.2 にも，コーダ104人における各項目の平均点（5点満点）を記載しました。

　3つの心理状態にも，筆者は順に名前をつけました。ひとつめは，「社会的関係における親の"きこえないこと"への困惑」，ふたつめは，「親の"きこえないこと"の受け入れ」，最後は「親や周囲に頼らず自立を選ぶ」としました。

　「社会的関係における親の"きこえないこと"への困惑」という心理状態は，10項目で構成されています。親がきこえないことと，親がきこえないことによって生じる社会との関係の中で，コーダが困惑してしまうネガティブな状態と解釈しました。「親の"きこえないこと"の受け入れ」という心理状態は，8項目で構成されています。親のきこえないことや通訳の役割，きこえない世界までもポジティブに受け入れる状態であると解釈しました。最後の「親や周囲に頼らず自立を選ぶ」という心理状態は，6項目で構成されています。親や周囲を回避して，誰にも頼らず自ら考えて行動する方を選ぶ，ネガティブな状

表5.2　青年期のコーダの3つの心理状態（中津, 2017をもとに作成）

| 項目 | 平均点 |
|---|---|
| **社会的関係における親の"きこえないこと"への困惑　10項目** | |
| 親のきこえないところは嫌だ | 2.07 |
| きこえない親や手話は恥ずかしい | 1.88 |
| 友だちに，親がきこえないことをどう話してよいか戸惑う | 2.13 |
| 親がきこえないことを周りの人に知られたくない | 1.41 |
| 親や，親のようなきこえない人たちと私とは，考え方や感じ方が違う | 3.18 |
| 思っていることを，親にうまく伝えられない | 3.12 |
| 親との関係について困っていることを，相談できるところがない | 2.87 |
| 親に対して，自分の中にいろいろな否定的感情があることを認めている | 3.05 |
| 周りの人は，親がきこえないことについて，私に話すのをためらう | 2.54 |
| 親の言っていることや考えていることがわからない | 2.55 |
| **親の"きこえないこと"の受け入れ　8項目** | |
| 親のおかげで，私は友だちには経験できない，良い経験をした | 4.06 |
| きこえない親をもった私だからこそ，できることがある | 4.24 |
| 親のおかげで，きこえない人の世界を理解できるようになった | 4.23 |
| きこえない世界や手話は，私にはなくてはならないものだ | 3.43 |
| もっと手話を覚えたい | 4.00 |
| 親の通訳をしたことで，親との絆が深まった | 3.34 |
| 周りの人に，親を馬鹿にするようなことはさせない | 4.02 |
| 親や，親のようなきこえない人と一緒にいると，安心できる | 3.24 |
| **親や周囲に頼らず自立を選ぶ　6項目** | |
| 私は，自分のことは自分で判断する | 4.13 |
| 私は，何でも親に相談するのではなく，自分で考えて行動する | 3.99 |
| 私は困ったとき，なるべく人の助けを借りずに自分で判断する | 3.33 |
| 私は，悲しみ・怒りなど自分の感情を自分の中で処理している | 3.38 |
| 人生は自分で切り開いていく | 4.39 |
| 親を頼っては，いられない | 3.47 |

5点満点：「とても思う」5点，「ときどき思う」4点，「どちらともいえない」3点，
「あまり思わない」2点，「まったく思わない」1点

態と解釈しました。この心理状態は，パッと見た印象では，青年期のコーダが心理的な自立に向けてポジティブに成長していく姿と捉えることもできそうですが，実はこのあとの分析で，コーダが誰にも頼れない孤独感のもと，自分の中ですべてを処理して生きていこうとするネガティブな心理状態であることが推察できました。

## 2）3つの心理状態のなかみ

　この3つの心理状態について，第4章第1節で見いだされたコーダの気持ちと照らし合わせて，もう少し深めて考察してみます。「社会的関係における親の"きこえないこと"への困惑」については，第4章第1節での「親や手話は恥ずかしい」「親への苛立ちと諦め」「周囲との溝」の気持ちと近いものと考えました。親と満足のいくコミュニケーションが取れないまま，親や手話に対して否定的な気持ちが芽生えてしまったり，自分の家族は普通ではないと感じてしまって周囲の目を気にしたり，また，周囲の人々の賞賛や励まし，哀れみや同情などの言動に対して違和感を覚えたりするような心理状態であろうと考えました。

　「親の"きこえないこと"の受け入れ」については，第4章第1節の「変わらない親への愛情」「きこえない世界の安心感」「親がきこえないことはラッキー」という親への親愛感が溢れる気持ちと一致すると考えました。親に対する親愛感を通して，コーダとしての自己を確立し，きこえない世界をポジティブに捉える心理状態であることが想像できました。

　「親や周囲に頼らず自立を選ぶ」については，先に説明した「社会的関係における親の"きこえないこと"への困惑」と同様に，第4章第1節での「親や手話は恥ずかしい」「コミュニケーションの不充足感」「親への苛立ちと諦め」「周囲との溝」という気持ちが相互に関連していて，親や周囲の人々から心理的に回避する状態と想像しました。周囲にも頼らず，ひとりで頑張ろうとしているコーダの姿が浮かびました。

### 3）"感情を自分の中で処理する"

3つの心理状態のうち「親や周囲に頼らず自立を選ぶ」の中で，とくに筆者の目を引いた項目は，「私は，悲しみ・怒りなど自分の感情を自分の中で処理している」でした。第4章第4節で，青年期に不満感情や戸惑い感情を抑制するコーダほど，最終的に親を受け入れる時期が遅くなると述べたことと関連します。

図5.2 に，「私は，悲しみ・怒りなど自分の感情を自分の中で処理している」という質問項目に対する，104人のコーダの回答をまとめました。「とても思う」26人（25.0％）と「ときどき思う」29人（27.9％）とで全体の約半数を占め，「どちらともいえない」17人（16.3％），「あまり思わない」23人（22.1％），「まったく思わない」9人（8.7％）と続きました。

幼い頃から感情を抑えてきたと語るコーダのことを，思い出しました。

　　「小さいときは，何を考えてるかわからないって，感情を出さないって，みんなに言われていました。親戚の叔母さんとかがいないときには，親と喧嘩もするし普通にするんだけど，ぱっと叔母さんや第三者が入ると，ピタッと能面みたいな感情の無い人になって，言葉のキャッチボールをする人になる。通訳って，話をきいて言って，きいて言ってっていう人になるから，自分の気持ちはいらないじゃないですか。だから変に大人びてしま

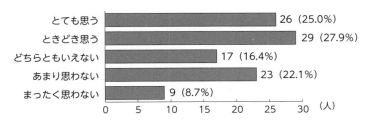

**図5.2　感情を自分の中で処理する**（中津, 2017 をもとに作成）
　　　　コーダ104人の回答

って，小学生なら小学生，中学生なら中学生らしい行動をしなかったとは，周りから言われましたね」

　「結局，私の場合は，嫌でも嫌という感情をどこかで何かに変換する。嫌という気持ちはあったと思うんだけど，変換してたような気がする。それで，通訳はしなきゃいけないものだって，してたような気がする」

　さらに，生きづらさを回避するためといえるでしょうか，あるコーダは，切り替えのスイッチを持っていると語っていました。

　「もう，ずっと，なんか私の中のスイッチみたいなのがあって，すぐ切り替えられるんですよ。〈周囲が親を見る目が〉不思議そうな目だけじゃなくて，一瞬やだなと思う差別的な目もあるんですけど，あの人はあの人，みたいに，ぱっと切り替えられる。悲しいかって？　悲しいと思ったことは一度もないです。いつでも開き直れるって感じ。大丈夫です。私，切り替えのスイッチ持ってるんで。でも，言われるまで，これがスイッチだとは思わなかった。でも，そうしないと，たぶん，うまく過ごせなかったんじゃないでしょうかね，きっと。自分のことなのに，よくわかんないけど。居心地をよくするためには，そうするしかなかったのかもしれない。スイッチも，自分が生きやすくするための，自分なりの工夫なのかもしれませんね。切り替えのスイッチって，みんな持ってると思ってた」

　このタイプの青年期のコーダに対しては，自分の感情を見失わず，少なくとも親の前で感情を出せるようになることが，生きやすくなるひとつの大切なポイントであろうと思います。筆者も，過去の自分を思い起こせば，（コーダだからなのか，単に自分の性格なのか，もはやわからないのですが）高校生の頃に仲の良い友人から，"表情と心の中が全然違っていて，よくわからない"と指摘されたことがありました。今は，すっかり大人になり，ようやく自分の感情を出せるようになったと感じています。コーダにとって，自分が今どんな気持ちなのかを自覚して，表現することは大切なことと考えます。

## 4．親を守る気持ちを形作るもの

　さらに，親を守る2つの気持ちに影響を与えているものは何か，統計的手法を用いて分析しました。その結果を簡略化して示したのが図5.3 です。先ほど紹介したコーダの3つの心理状態も加えて分析しました。図5.3 の矢印の向きは影響の方向を示し，矢印の太さはおおよその影響の強さを表し，太いほど，より強く影響を与えるという意味にしました。

　図5.3右上の「親を積極的に守る」とは，コーダ自らが親を進んで助けて，親にも頼ってほしいと願う気持ちです。「親を積極的に守る」気持ちに向かう矢印を確認すると，まず，両親ともにきこえないことから細い矢印が出ていて，弱く影響しています。（調査時の）コーダの年齢が高いことも，影響しています。また，親との会話が成立していて，「親の"きこえないこと"を受け入れ

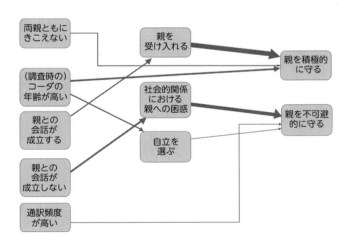

**図5.3　コーダの2つの親を守る気持ちはどう作られるの？**

　（中津, 2017 をもとに作成）
　矢印の向きは影響の方向，太さはおおよその影響の強さを示す。

る」心理状態が非常に強い影響を与えています。つまり，以下のことが言えます。

---

**コーダが親を積極的に守る気持ちの形成に影響を与える要因**

・両親ともに，きこえない。

・（調査時の）コーダの年齢が高い。

・親と会話が成立し，親のきこえないことを受け入れる心理状態にある。

---

　図5.3右下の「親を不可避的に守る」とは，きこえない親はできないことが多い弱い存在だと認識してしまい，自分が親から頼られることは逃れられなくて仕方のないことなのだと諦めて親を守る気持ちです。「親を不可避的に守る」気持ちに向かう矢印を確認すると，まず，（調査時の）コーダの年齢が高くて，親や周囲に頼らず自立を選ぶ心理状態が，弱く影響しています。また，親との会話が成立しづらく，社会的関係の中で親の“きこえないこと”に困惑してしまう心理状態が強く影響を与えています。さらに，通訳をする頻度が高いことからも細い矢印が伸びていて，僅かに影響がありました。つまり，以下のことが言えます。

---

**コーダが親を不可避的に守る気持ちの形成に影響を与える要因**

・（調査時の）コーダの年齢が高く，親や周囲に頼らず自立を選ぶ心理状態にある。

・親との会話が成立しづらく，社会的関係の中で親の“きこえないこと”に困惑してしまう心理状態にある。

・通訳をする頻度が高い。

---

　なお，これら親を守るふたつの気持ちは，コーダの性別や出生順，親の学歴，通訳を開始した年齢とは関連が見られませんでした。

## 5．コーダの健やかな親子関係形成のための３つのポイント

　この結果を見て，感じたことが３つありました。ひとつは，親との会話が成立することの大切さです。親との会話が成立するコーダほど，最終的に親を積極的に守る気持ちが形作られ，親との会話が成立しないコーダほど，最終的に仕方がないと諦めて親を守る気持ちが形作られていました。コーダと親の会話の大切さは，さまざまな観点から指摘され続けていますが，ここでも，コーダと親との会話が成立することの大切さを説明できました。

　２つめは，通訳の役割を担う頻度の重要性です。通訳頻度が高いコーダほど，仕方がないと諦めて親を担う気持ちが形作られていました。これまで，コーダ当事者たちによる経験をもとにして，コーダが通訳を担いすぎる状況はよくないと言われてきましたが，あらためてコーダの過剰な通訳の負担は防がなければならないと主張できる結果でした。

　３つめは，社会的関係における親への困惑感は，社会が変わってゆけば無くすことができるのではないかということです。このコーダの困惑感が無くなれば，コーダが「親を不可避的に守る」気持ちが減っていき，コーダは少し生きやすくなるように考えます。

　以上の３点を，親子関係形成のためのポイントとしてまとめます。

---

**コーダの健やかな親子関係形成のための３つのポイント**
・親子の会話が成立すること。
・コーダの通訳頻度が軽減されること。
・社会との関わりの中でコーダが困惑しないこと。（周囲の理解の大切さ）

---

**第2節**
**親がコーダを頼る気持ちは，何によって形作られるのか**

　前節では，青年期のコーダの親を守る気持ちの構造について，コーダの心理状態も併せて確認しました。続いて，この節では，きこえない親の立場から，親がコーダを頼る気持ちの構造について見ていきます。13歳以上のきこえる子どもをもつ，きこえない親97人（41歳から76歳）に協力いただいたアンケート調査（中津，2017）の結果をもとに述べたいと思います。

　なお，第4章第2節と同じように，ここでも「コーダ」のことを「子ども」と表す場合もありますが，子どもとはコーダのことを指していると考えて読んでください。

## 1．きこえる子どもを頼りにしているか？

　アンケート調査では，"きこえる子どもを頼りにしていますか？"という質問項目を設けました。子どもが既に成人期（23歳以上）である親の場合には，子どもの青年期（13歳から22歳頃）を思い浮かべて回答してもらいました。

　結果は，図5.4 のグラフに示したとおりです。この質問に対する 97人の回

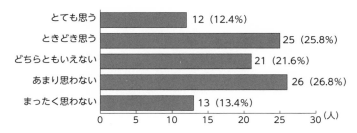

**図5.4　きこえる子どもを頼りにしている**（中津，2017 をもとに作成）
　　親97人の回答

答は，「とても思う」12人（12.4％），「ときどき思う」25人（25.8％），「どちらともいえない」21人（21.6％）のほか，「あまり思わない」26人（26.8％）と「まったく思わない」13人（13.4％）でした。子どもであるコーダを頼りにしている親と，頼りにしない親が同数程度という結果でした。

　第4章第2節では，親へのインタビュー調査の結果から，きこえる子どもに通訳を「当然のこととして頼る」気持ちと，自分でできないことについては子どもに「やむを得ず頼る」気持ちが見いだされました。さらに，アンケート調査の結果をもとに，親が子どもに頼る気持ちはどのようにして形作られているのかを確認していきます。


## 2．きこえない親がもつ子どもに頼る気持ち

　アンケート調査に，子どもとの関係性を尋ねる質問項目を設けて，きこえな

表5.3　青年期のコーダの親がもつ，子どもに頼る気持ち
（中津，2017 をもとに作成）

| 項　　目 | 平均点 |
|---|---|
| 子どもは，親の通訳をするのが当たり前だ | 2.47 |
| 子どもはきこえるから頼りにしたい | 2.97 |
| 子どもはきこえるから，きこえない私より何でもできる | 3.18 |
| 子どもが私の通訳をすることは仕方がない | 2.77 |
| 子どもが私の通訳をすることは，私の自慢だ | 2.86 |
| 子どもは親の言うことを聞くべきだ | 2.67 |
| 子どもは，小さい頃から，自然に親を守る気持ちをもっている | 3.59 |
| 子どもが通訳をしないと，なぜ親を助けないのかと叱ってきたように思う | 2.17 |
| 子どもには，大きくなっても近くにいてほしい | 3.21 |
| 私は，子どもにアドバイスを求めることがあると思う | 3.17 |
| 子どもは，親の頼みを断らない | 3.06 |

　5点満点：「とても思う」5点，「ときどき思う」4点，「どちらともいえない」3点，「あまり思わない」2点，「まったく思わない」1点

い親97人に回答してもらいました。回答を，統計的手法を用いて分析したところ，表5.3のとおり，子どもに頼る気持ちが見いだされました。

　表5.3の項目には，いろいろな気持ちが混在しているように見えます。親も，複雑な思いを抱えて，揺れ動きながら子育てをしているのかもしれないと感じました。表5.3には，きこえない親97人における各項目の平均点も記載しました。点数は，5段階で，「とても思う」5点，「ときどき思う」4点，「どちらともいえない」3点，「あまり思わない」2点，「まったく思わない」1点として付けています。この項目は，コーダの場合と同様に，良い，悪いということを見極めるためのものではまったくなく，自分自身を知るきっかけにするためのものと考えてください。

## 3．きこえない親がもつ2つの心理状態

　アンケート調査では，親の心理状態についても，他の研究（山口，1997）を参考にしながら項目を作って尋ねました。親の気持ちの構造を分析するために，親の心理状態も知っておく必要があると考えたからです。第4章第2節の親へのインタビュー調査でも，さまざまな親の気持ちが見いだされましたが，今回も97人の親へのアンケート調査の回答から分析を試みました。

　その結果，親の2つの心理状態が明らかになり，表5.4に，具体的な項目をまとめました。表5.3と同じように，表5.4にも，きこえない親97人における各項目の平均点（5点満点）を記載しました。

　さて，2つの心理状態に，筆者は順に名前をつけました。ひとつめは，「子育ての困惑・不安」，ふたつめは，「きこえないことに対する引け目」としました。

　「子育ての困惑・不安」と名付けた心理状態は，6項目で構成されています。きこえない自分と，きこえる子どもとのさまざまな違いを感じて，困惑し不安に思う状態と解釈しました。「きこえないことに対する引け目」の心理状態は，3項目で構成されています。親自身が，自分のきこえないことを恥ずかしいものと捉えて，子どももそう感じているであろうと思い，引け目を感じる状態を

指すと解釈しました。なお,「子育ての困惑・不安」は,母親よりも父親のほうが,もちやすい傾向でした。

　第4章第3節で,コーダが親からかけられる言葉の中でも,「きこえなくて,ごめんね」は,想像以上にコーダの心に突き刺さるものと述べました。親の「きこえないことに対する引け目」の心理状態は,平均点を見るとそれほど高くないのですが,親のこの気持ちが無くなってほしいと切に願っています。

## 4．子どもに頼る気持ちを形作るもの

　子どもに頼る気持ちに影響を及ぼしているものは何か,統計的手法を用いて分析し,その結果を簡略化して図5.5 に示しました。先ほど紹介した親の2つの心理状態も加えて分析しました。図5.5 も前節と同じように,矢印の向きは影響の方向を示し,矢印の太さは,おおよその影響の強さを表します。

　図5.5右側の「子どもに頼る」気持ちに向かう矢印を確認すると,まず,子

表5.4　青年期のコーダの親の2つの心理状態（中津，2017 をもとに作成）

| 項　目 | 平均点 |
|---|---|
| 子育ての困惑・不安　6項目 | |
| 　子どもには,もっと手話を覚えてもらいたい | 3.73 |
| 　きこえる人を,うらやましく思う | 2.81 |
| 　きこえる子どもときこえない自分とは,考え方や感じ方が違う | 3.33 |
| 　思っていることを,子どもにうまく伝えられない | 2.76 |
| 　子どもの話す言葉がわからない | 2.63 |
| 　きこえる子どもの子育ては,どうしてよいのか,わからない | 2.89 |
| きこえないことに対する引け目　3項目 | |
| 　きこえない（または,じょうずに話せない）ことは恥ずかしいと感じる | 1.96 |
| 　子どもは,親がきこえないことや手話を恥ずかしがっているように見える | 2.35 |
| 　できれば自分の障害を,周りの人に知られたくないと思う | 1.78 |

5点満点：「とても思う」5点,「ときどき思う」4点,「どちらともいえない」3点,「あまり思わない」2点,「まったく思わない」1点

育てに困惑し不安をもつ心理状態が影響を与えています。次いで，（調査時の）親自身の年齢が高くて，きこえないことに対する引け目をもつ心理状態も影響を与えています。つまり，以下のことが言えます。

---

**親がコーダを頼る気持ちに影響を与える要因**

・子育てに困惑し不安をもつ心理状態にある。

・（調査時の）親の年齢が高く，きこえないことに対する引け目をもつ心理状態にある。

---

なお，親が子どもに頼る気持ちは，親の性別や年齢，配偶者がきこえるかきこえないかとは関連が見られませんでした。

このことからポイントをまとめると，

---

**親が子どもに頼ってしまう気持ちを軽減させるポイント**

・きこえない親が子育てに困惑したり，不安を感じたりしないような環境が整備されること。

・親自身が，きこえないことに引け目を感じずにいられるような社会が作られること。

---

図5.5　親のコーダを頼る気持ちはどう作られるの？

　　　　（中津，2017 をもとに作成）

　　　　矢印の向きは影響の方向，太さはおおよその影響の強さを示す。

ここまで，コーダと親のそれぞれの気持ちの構造はわかりましたが，コーダと親の組み合わせによって，いくつかの親子関係が存在することになるのだろうと想像しました。とくに気になるのは，親を守る気持ちが強いコーダと，子どもに頼る気持ちが強い親の組み合わせです。不均衡な関係性から，親子の役割が逆転することも考えられると思いました。そこで，次章では，コーダと親のペアを対象にして親子関係を分類し，そのかたちを見ていこうと思います。

# 第6章
# 親子関係のかたち

　本章では，青年期（13歳から22歳）のコーダときこえない親の親子関係を分類し，それぞれの親子関係のかたちの特徴を確認していきます。親子関係のかたちとは，細かく見ていけば無数にあるともいえますが，ここではコーダの親を守る気持ちと，親の子どもに頼る気持ちをもとにして，大きく3つの親子関係のかたちに分類しました。

　なお，文中の語りの中にある 〈　〉 は，文脈を明らかにするために筆者が挿入した補足です。

## 1．青年期のコーダの3つの親子関係のかたち ･･････････････････････

　この章では，筆者が，コーダの親子57組にアンケート調査を行った研究（中津，2017）をもとに説明していきます。アンケート調査では，コーダ57人には，親を守る気持ちをどれほどもっているかについて尋ね，親57人には，子どもに頼る気持ちをどれほどもっているかについて尋ねました。アンケート調査に協力いただいた57組の親子は，コーダの年齢は13歳から47歳で，平均年齢は24.4歳でした。きこえない親の年齢は，41歳から75歳で，平均年齢54.3歳でした。なお，57組のうち，両親ともきこえない親子は44組，父

親のみきこえない親子は 10 組，母親のみきこえない親子は 3 組でした。57 人のコーダには，父親と母親のどちらかを選んで，選んだ方の親に対する気持ちを回答してもらいました。また，既に成人期のコーダには，青年期の頃を思い返して，回答してもらいました。次に，親に対しては，コーダの子どもが何人かいる場合には 1 人選び，その子どもに対する気持ちを尋ねました。子どもであるコーダが既に成人期の場合には，子どもの青年期の頃を思い返しながら回答してもらいました。

　親子関係を分類する分析には，第 5 章で挙げた，コーダが親を守る 2 種類の気持ち（親を積極的に守る・親を不可避的に守る）と，親が子ども（コーダ）を頼る気持ちの計 3 種類を用いました。

　第 5 章を振り返ると，コーダが親を守る気持ちのうち，「親を積極的に守る」気持ちとは，コーダ自らが進んで親を助けて，親にも頼ってほしいと願う気持ちで，もうひとつの「親を不可避的に守る」気持ちとは，きこえない親はできないことが多いと認識して，諦めて親を守る気持ちでした。そして，親が子ども（コーダ）に頼る気持ちとは，子どもに頼ることは当然でもあり仕方なさもあるという，複雑な気持ちでした。

　さて，アンケート調査の回答は，統計的手法を用いて分析し，親子関係の特徴を最もよく表す 3 つのかたちを採用して，それぞれに以下の名前を付けました。

---

**コーダときこえない親の関係性のかたち**
Ⅰ. 回避型
Ⅱ. 親愛型
Ⅲ. 役割逆転型

---

　57 組の親子は，それぞれの親子関係のかたちに，同数の 19 組ずつ分類できました。

# 2. 3つの親子関係のかたちとは

　さて，3つの親子関係のかたちについて，図6.1 にもとづいて詳細を説明していきます。

　なお，3つの親子関係のかたちは，それぞれの親子が3つのかたちのどれかにピッタリ当てはまるだけでなく，たとえば，あるコーダは役割逆転型が7割で親愛型が3割のような見方で捉えてほしいと思います。また，親子の関係性

### I. 回避型

**■心に距離がある関係**

・コーダは，親を積極的に守る気持ちがとても少なく，不可避的に守る気持ちもそれほどもたない。
・親もコーダに頼る気持ちが少ない。

・コーダと親が避けるように離れ，親子の心の距離が遠いような希薄な関係性。
・コーダの青年期の第二反抗期もあり，さらにすれ違ってしまう状況が想定。

### II. 親愛型

**■良好な関係**

・コーダは，親を積極的に守る気持ちをもつ一方で，不可避的に守る気持ちはとても少ない。
・親はコーダに頼る気持ちが少ない。

・コーダは，大好きな親を前向きに助けようとし，親は子どもに頼らず自立的な姿勢である良好な関係性。

### III. 役割逆転型

**■コーダが親を守り，親がコーダを頼る関係**

・コーダは，他のかたちのコーダよりも親を積極的にも不可避的にも守る気持ちを強くもつ。
・親も，コーダに頼る気持ちを，他のかたちの親よりも強くもつ。

・コーダは，積極的と不可避的の両極の守る気持ちをもち，親はコーダを欠かせない存在として頼り，親子の役割が逆転しているような関係性。

図6.1　3つの親子のかたちの特徴

は，時期によって変化していきますから，たとえば数年前までは回避型が強い親子関係にあったけれども，ここ最近は親愛型かなといったような見方もできます。

## Ⅰ．回避型

　回避型のコーダは，他のかたちのコーダよりも積極的に親を守ろうという気持ちがとても少なく，不可避的に親を守る気持ちも，それほどもっていません。回避型の親の，コーダに頼る気持ちもわずかでした。親は，もともとコーダに頼る気持ちが少ないのか，頼りたいけれども頼れなくなってしまったのかは，それぞれの親子によって状況が異なるのかもしれません。

　このことから，回避型の親子とは，コーダと親が避けるように離れて，親子の距離が遠い，少し希薄な関係性と解釈しました。親子を個別的にみていく必要はありますが，親がきこえないことに加えて，コーダの青年期の第二反抗期も相まって，さらにすれ違ってしまう状況が想定できました。

## Ⅱ．親愛型

　親愛型のコーダは，親を積極的に守る気持ちをもつ一方で，不可避的に親を守ろうとする気持ちは，とても少ないです。親愛型の親は，コーダに頼る気持ちを，役割逆転型の親ほどもっていません。

　このことから，親愛型の親子とは，コーダは大好きな親を前向きに助けようとしていて，親は子どもであるコーダに頼ることはせず自立の姿勢でいるような，良好な関係性を形成しているかたちと解釈しました。

## Ⅲ．役割逆転型

　役割逆転型のコーダは，他のかたちのコーダと比べて，はるかに親を積極的に守ろうとしていて，同時に不可避的に親を守る気持ちももちあわせていました。積極的と不可避的の，いわば両極の守る気持ちを強くもちながら，とにか

く親を支えようとしている様子が伝わりました。役割逆転型の親では，他の2つのかたちの親と比べて，コーダを頼る気持ちが最も高い結果でした。

　このことから，役割逆転型の親子とは，コーダは強く親を守ろうとし，親はコーダを欠かせない存在として頼り，親子の役割が逆転しているような傾向の関係性と解釈しました。


## 3．親子関係のかたちと関連するもの

### 1）両親ともきこえないのか，どちらか一方の親だけきこえないのか

　次に，3つの親子関係のかたちについて，さらに深めて考察していきます。親子関係のかたちには，たとえば役割逆転型のコーダは長女が多いなどのような何かしらの傾向があるかもしれないと考えて，分析しました。

　その結果，コーダの性別や年齢，出生順，親の最終学歴は，親子関係のかたちとは関連が見られませんでした。先ほど書いたように，筆者は役割逆転型のコーダは長女が多いのではと予想しましたが，とくにそのような傾向はありませんでした。平均年齢でいえば，回避型は，コーダは22.1歳で親は52.0歳，親愛型は，コーダは22.4歳で親は52.7歳，役割逆転型は，コーダは28.4歳で親は58.0歳と，コーダも親も回避型が最も年齢が低く，役割逆転型が最も高かったのですが，統計的に差があるといえるほどではありませんでした。

　また，親子関係のかたちは，会話の状況とも関連しませんでした。たとえば，筆者は親愛型の親子は，良好な親子関係にあることから，他のかたちの親子よりも会話が通じやすい傾向にあるのではないかとか，回避型は，そもそも親子の会話が通じにくいから心に距離ができてしまうのではないかと予想していました。しかし，分析の結果では，親愛型も回避型も役割逆転型も，親子の会話の状況は変わりませんでした。親子が会話するときの方法についても，3つの親子関係のかたちで違いはありませんでした。

　親子関係のかたちと唯一，統計的に有意に関連したのは，両親ともにきこえないのか，どちらか一方の親だけがきこえないのか，という要因でした。具体

的には，以下のようになりました。

---

・「どちらか一方の親だけきこえない」
　回避型の親子に多い傾向。
・「両親ともきこえない」
　役割逆転型の親子に多い傾向。

---

　回避型の親子では，両親ともきこえない親子は10組で，父のみきこえない親子は8組，母のみきこえない親子は1組でした。親愛型は，両親ともきこえない親子は16組で，父のみきこえない親子は1組，母のみきこえない親子は2組でした。役割逆転型は，両親ともきこえない親子は18組，父のみきこえない親子は1組でした。

　役割逆転型に注目すると，確かに，両親ともきこえない親子の場合は，どちらか一方の親だけきこえない親子より，より社会の中での制約を大きく感じる場面もあろうかと思います。両親が社会の中で困難にぶつかる様子を目の当たりにして，親を守ろうと強く思い，両親もきこえるコーダに頼り，親子の役割が逆転しやすい傾向にあるのかもしれないと考察しました。きこえない親に社会的な制約が多いという状況は，コーダの親子関係にまで影響を与えてしまうような重大なことなのかもしれません。


## 2）コーダが通訳を開始する年齢と通訳の頻度

　コーダが，通訳の役割を担ってきた状況も，親子関係のかたちに関連するのではないかと思い，分析してみました。

　その結果は，以下のとおりです。

---

・「親の通訳を担い始めた年齢が低い」
　役割逆転型のコーダに多い傾向。
・「親の通訳を担う頻度が高い」
　役割逆転型のコーダに多い傾向。

---

　表6.1 を見ながら，コーダが親の通訳を担い始めた年齢を確認すると，回避型のコーダは平均7.32歳，親愛型のコーダは平均7.06歳でしたが，役割逆転型のコーダは平均4.41歳で圧倒的に低年齢でした。また，コーダが親の通訳を担う頻度については，「きこえないお父さんやお母さんの通訳をしたことがありますか。該当するもの1つにチェックをしてください。」と尋ね，「すごくある」5点，「ときどきある」4点，「どちらともいえない」3点，「あまりない」2点，「まったくない」1点として，回答してもらいました。回答の平均点は，すべて4点台ではありますが，回避型のコーダは平均4.16点，親愛型のコーダは平均4.21点に対して，役割逆転型のコーダは平均4.74点と統計的に最も高い頻度でした。

　第5章第1節では，コーダが通訳を担いすぎると，コーダが親を不可避的に守らざるをえなくなってしまうという結果が出ていましたから，役割逆転型のコーダが，小さな頃から頻繁に通訳を担ってきたであろう状況は予想どおりでした。第5章第1節でも，コーダが通訳を頻繁に担う状況は避けなければならないという話をしましたが，本章でもコーダが通訳を担う頻度が高まるほどに，役割逆転型の親子関係が形成されてしまう可能性が生じることになるとわかりました。繰り返しますが，これが，コーダが通訳を担いすぎる状況は防がなければならないと考える理由のひとつです。

表6.1　親子関係のかたちとコーダの通訳の状況（中津, 2017 をもとに作成）

| | | 回避型 | 親愛型 | 役割逆転型 |
|---|---|---|---|---|
| 通訳開始年齢 | （歳） | 7.32 | 7.06 | 4.41 |
| 通訳頻度 | （点） | 4.16 | 4.21 | 4.74 |

　5点満点：「すごくある」5点，「ときどきある」4点，「どちらともいえない」3点，「あまりない」2点，「まったくない」1点
　点数が高いほど通訳を担う頻度が高い。

### 3）コーダの３つの心理状態

　第５章第１節で取り上げた，青年期のコーダがもつ３つの心理状態は，「社会的関係における親の"きこえないこと"への困惑」，「親の"きこえないこと"の受け入れ」，「親や周囲に頼らず自立を選ぶ」でした。これらの心理状態と，３つの親子関係のかたちには関連があるのでしょうか。

　ここで第５章を振り返ると，コーダの３つの心理状態の「社会的関係における親の"きこえないこと"への困惑」とは，親がきこえないことによって，社会との関係の中でコーダが困惑してしまうネガティブな状態であり，「親の"きこえないこと"の受け入れ」とは，親のきこえないことや通訳の役割，きこえない世界までもポジティブに受け入れる状態であり，「親や周囲に頼らず自立を選ぶ」とは，親や周囲から回避して，誰にも頼らず自ら考えて行動しようとするネガティブな状態でした。

　さて，表6.2 を見ながら，一緒に確認していきましょう。コーダの３つの心理状態の得点は，５点満点（点数が高いほど，その心理状態にある）としました。まず，「社会的関係における親の"きこえないこと"への困惑」のネガティブな心理状態は，回避型のコーダは平均2.48点で，親愛型のコーダは平均1.81点と低く，役割逆転型のコーダは平均2.59点と最も高い点数でした。次

表6.2　親子関係のかたちとコーダの心理状態　平均点（中津，2017 をもとに作成）

|  | 回避型 | 親愛型 | 役割逆転型 |
|---|---|---|---|
| 社会的関係における親の"きこえないこと"への困惑 | 2.48 | 1.81 | 2.59 |
| 親の"きこえないこと"の受け入れ | 3.57 | 4.07 | 4.01 |
| 親や周囲に頼らず自立を選ぶ | 3.74 | 3.21 | 3.78 |

　５点満点：「とても思う」５点，「ときどき思う」４点，「どちらともいえない」３点，「あまり思わない」２点，「まったく思わない」１点
　点数が高いほど心理状態を強くもつ。

に，「親の“きこえないこと”の受け入れ」のポジティブな心理状態は，回避型のコーダは平均3.57点で，親愛型のコーダは平均4.07点と高得点で，役割逆転型のコーダは平均4.01点でした。最後に，「親や周囲に頼らず自立を選ぶ」の心理状態は，回避型のコーダは平均3.74点，親愛型のコーダは平均3.21点，役割逆転型のコーダは平均3.78点でした。これらは，統計的にも有意に差が見られ，その結果を以下にまとめました。

---

まとめ
・「社会的関係における親の“きこえないこと”への困惑」
　回避型と，役割逆転型のコーダに多い傾向。
・「親の“きこえないこと”の受け入れ」
　親愛型のコーダに多い傾向。
・「親や周囲に頼らず自立を選ぶ」
　回避型と，役割逆転型のコーダに多い傾向。

---

## 4）親の2つの心理状態

　続いて，第5章第2節にて取り上げた，親がもつ2つの心理状態についても，3つの親子関係のかたちと関連するのか検討していきます。2つの心理状態とは，「子育ての困惑・不安」と「きこえないことに対する引け目」でした。
　表6.3 のとおり，親の2つの心理状態についても5点満点（点数が高いほど，その心理状態にある）としたところ，「子育ての困惑・不安」のネガティブな心理状態は，回避型の親の平均は 2.83点で，親愛型の親は平均2.78点，役割逆転型の親は群を抜いて高く平均3.69点でした。もうひとつの「きこえないことに対する引け目」も，親のネガティブな心理状態であり，回避型の親は平均1.88点，親愛型の親は平均1.70点であるのに対して，役割逆転型の親は平均2.44点と，他のかたちと比べて高い得点でした。これらは，統計的に有意差が見られ，その結果を以下にまとめました。

表6.3　親子関係のかたちと親の心理状態　平均点（中津, 2017 をもとに作成）

| | 回避型 | 親愛型 | 役割逆転型 |
|---|---|---|---|
| 子育ての困惑・不安 | 2.83 | 2.78 | 3.69 |
| きこえないことに対する引け目 | 1.88 | 1.70 | 2.44 |

5点満点：「すごく思う」5点，「ときどき思う」4点，「どちらともいえない」3点，「あまり思わない」2点，「まったく思わない」1点

点数が高いほど心理状態を強くもつ。

まとめ
- 「子育ての困惑・不安」
  役割逆転型の親に多い傾向。
- 「きこえないことに対する引け目」
  役割逆転型の親に多い傾向。

　第4章第3節で，親の「きこえなくて，ごめんね」というセリフは，とくに青年期のコーダの心に突き刺さると述べました。親が自身のきこえないことに否定的であると，コーダが，親を社会的に弱い立場にあると認識して，親を守ろうとしてしまうことがあるという内容でした。まさに，役割逆転型の親子は，親自身がきこえない自分に引け目をもち，コーダがそれをまるで自分のことのように敏感に感じ取り，自分が親を守ろうと，親子の役割逆転の関係に発展していく様相が想像できました。繰り返しますが，親の「お父さん，お母さん，きこえなくて，ごめんね」「きこえる親の方がよかったよね」の言葉や，親がきこえない自分に引け目をもつことは，コーダの成長発達にマイナスに作用してしまうことがあります。きこえない親の方々には，どうかきこえないことに引け目など感じることなく生きてほしいと思います。

## 4. 3つの親子関係のかたちのまとめ　　　　·····················

　ここまでのすべての分析結果をもとに，3つの親子関係のかたちの特徴をあらためてまとめます。最初にお話ししたとおり，実際には，それぞれの親子が3つのかたちのどれかにピッタリ当てはまるのではなく，たとえば，あるコーダは役割逆転型が7割で親愛型が3割のような，ゆるやかな見方ができると捉えてほしいと思いますし，親子の関係性は，時期によって変化していくということを前提に読んでください。

### 1）回避型の傾向

①　コーダは，親を積極的にも不可避的にも守る気持ちが少ない。

②　親は，コーダに頼る気持ちが少ない。

③　どちらか一方の親だけきこえない場合が多い。

④　コーダは，社会的関係の中で，親の"きこえないこと"に困惑しやすい。

⑤　コーダは，親や周囲に頼らず自立しようとする。

　回避型の親子とは，コーダと親が避けるように離れて，親子の距離が遠い少し希薄な関係性としていました。青年期に特有の，第二反抗期の発達過程であるという見方をすれば，第二反抗期を経ることは，標準的な青年の特徴という見解もあります（久世・平石，1992）。

　ただし，これまでの章で確認してきたように，コーダの青年期の葛藤はとても深くて，コーダならではの特徴がたくさん見られます。第4章第1節のコーダの気持ちには，コーダだからこそ生まれる複雑な思いで溢れていたことを覚えているでしょうか。また，第4章第4節では，コーダ23人のうち，30代，40代になってから，親のきこえないことを受け入れる例も確認されました。決して，一般と同様の発達過程と捉えてはならないと考えられ，親子の心の距離を見つめ直すことが最重要課題とされます。第7章第2節でも，「コーダが不満感情を正しく出せる雰囲気を」という箇所で，回避型のコーダについ

て触れましたので，併せてご覧ください。

　回避型の親は，他の親子関係のかたちと比べて，どちらか一方の親だけきこ
えない場合が多く，きこえない側の親が家庭内で孤立しないような関係性を意
識的に育むことも，コーダが親を回避する傾向を軽減させるひとつのポイント
と考えています。


## 2）親愛型の傾向

① コーダは，親を積極的に守る気持ちが多く，不可避的に守る気持ちは少
　ない。
② 親は，コーダに頼る気持ちが少ない。
③ コーダは，親の"きこえないこと"を，受け入れやすい。


　親愛型の親子とは，コーダは大好きな親を前向きに助けようとしていて，親
は子どもであるコーダに頼ることはせず自立する姿勢でいるような，良好な関
係性としていました。
　親愛型の親は，子育ての不安が少なくて，自分自身のきこえないことへの引
け目をもたないことが特徴でした。親愛型のコーダが，親を受け入れやすい傾
向にあったのは，このような親の姿勢があったからこそと考え，あらためて，
親が自分に自信をもってコーダに向き合うことの大切さを認識しました。


## 3）役割逆転型の傾向

① コーダは，親を積極的にも不可避的にも守る気持ちが多い。
② 親は，コーダに頼る気持ちが多い。
③ 両親ともきこえない場合が多い。
④ コーダは，親の通訳を担い始めた年齢が低い。
⑤ コーダは，親の通訳を担う頻度が高い。
⑥ コーダは，社会的関係の中で，親の"きこえないこと"に困惑しやすい。
⑦ コーダは，親や周囲に頼らず自立しようとする。

⑧　親は，子育てに困惑し，不安感をもちやすい。
⑨　親は，自身のきこえないことに対して，引け目をもちやすい。

　役割逆転型の親子とは，コーダは強く親を守ろうとし，親はコーダを欠かせない存在として頼り，親子の役割が逆転しているような傾向としていました。親子の距離がかなり近くて，密着した関係性が浮かびました。
　役割逆転型のコーダが積極的に親を守ろうとする点は，親愛型のコーダと同じでしたが，役割逆転型のコーダは，頼ってくる親の期待に応えるべく，平均4.41歳という幼少期から通訳を始め，親のきこえないことに困惑しやすい傾向がありました。役割逆転型の親は，コーダに頼る気持ちが大きい傾向にありました。もしかしたら，親は，子どもはきこえるのだから，きこえない親よりもなんでもできると期待する気持ちがあって，コーダに頼るようになるのかもしれません。このかたちの親子は，まず何よりも，コーダの通訳回数を減らすことが最重要課題といえます。そして，コーダには頑張りすぎないように伝えることが大切です。

　3つの親子関係のかたちの特徴をあらためて確認するなかで，筆者は，役割逆転型のコーダの気持ちがとても気になりました。そこで次に，役割逆転型のコーダについて，もう少し深く見ていくことにします。


## 5．役割逆転型のコーダは，ヤングケアラーかもしれない？

　海外のコーダに関する論文に目を通してみると，いくつかの研究に，通訳の役割を通して，コーダの親子関係に役割逆転が生じてしまうことが指摘されていました。
　たとえば，Singleton らは，「コーダの中には，自分の親は能力が低くて手助けが必要な人だと感じてしまい，自らが親のようにふるまう子ども（Parentified Child）になってしまう」と警告しています（Singleton & Tittle, 2000）。まるで，今回の役割逆転型のコーダのように思えます。また，

Hadjikakou らも同様に，コーダの通訳の役割が，コーダにとって過度の負担のない適切な文脈の中で果たされる場合には，責任感や独立心が養われて，コーダの成長発達を促進することになり両親との親密な関係の構築も進むけれども，一方で，このような前提条件が満たされないと，コーダは親のようにふるまう子ども（Parentified Child）になってしまう可能性があると指摘しています（Hadjikakou & Christodoulou, et al., 2009）。Moroe らによる，21歳から40歳のコーダ10人へのインタビュー調査でも，10人全員が，通訳の役割を通して，子どもでありながら大人の役割を果たさなければならなかったと語ったことが報告されました（Moroe & De Andrade, 2018）。

　それに加えて今回の57組の親子を対象とした調査では，初めて統計的手法によって，コーダは親を強く守ろうとし，親はコーダを欠かせない存在として頼る役割逆転型の親子が存在することを明らかにしました。先ほどお伝えしたとおり，役割逆転型のコーダとは，親を積極的にも不可避的にも守る気持ちをもち，低年齢から頻繁に親の通訳の役割を担う傾向にあったことから，18歳未満であればヤングケアラーに該当する可能性があると考えられます。

　今回の調査では，役割逆転型の親子は，全体（57組）のちょうど3分の1（19組）の割合を占めました。この調査の結果のみでは確実な答えは出せませんが，あくまでもひとつの目安として，すべてのコーダのうち，おおよそ3分の1程度はヤングケアラーに該当する可能性があるという試算はできるかもしれません。この点については，今後のさらなる調査研究が待たれるところです。

## 6．固定化されない親子関係

### 1）コーダは，親に養育される子どもでもある

　「自分は，かつて役割逆転型の親子だった」という，今は大人になったコーダの語りを紹介します。

　　「〈親の〉上に立ってる感っていうのは，あったと思う。だって，主導権

が私にあるもん。だから，そういう意味では，明らかに〈友だちの家庭とは〉違うなって思うよね。たとえば銀行。家のお金とか手続きとか，そういったものも，親と一緒には行くけど，直接窓口に立つのは私なので。経済面の管理とかも，親子の役割は逆転してたと思う。だから，それがもう，ある種普通になっていて，お父さんも，私に頼んだらいい，私に聞いてくれとか。お母さんも，私に相談してきてたので，それが普通だと思ってたので。ちっちゃい頃には，そんな深く考えてなかったけど，決定権はあったね」

　コーダが親を守り，親がコーダに頼る役割逆転の関係性が手に取るようにうかがえました。しかし，そのあと，このような語りが続きました。

　　　「でも，しちゃいけないことをしたら怒られたり，そういう普通の親子関係っていうのは普通にあったと思う。通訳として〈第三者との〉間に立ったときだけ，私の方が強かった」

　役割逆転型の親子関係にあるコーダであっても，日常生活のすべてが，コーダが親を守り，親がコーダに頼る関係性ではなく，コーダは，親に養育される子どもでもあることが伝わります。

## 2）きこえない親の養育力は，評価されている

　実は，今回のアンケート調査には，一般的な「親としての子どもの養育力」を尋ねる質問も，他の研究（渡邉・平石・谷，2020；谷井・上地，1993；中道・中澤，2003）をもとにして8項目ほど加えていました。コーダと親の質問項目は対応させており，たとえば，コーダに対する「親は忘れ物をしないよう気を配ってくれますか」という質問項目は，親には「子どもが忘れ物をしないよう気をつけてきましたか」という質問項目にしました。そして，5段階で，「とても思う」5点，「ときどき思う」4点，「どちらともいえない」3点，「あまり思わない」2点，「まったく思わない」1点のどれかに点数を付けて，

回答してもらいました。

　57組の親子の回答は，３つの親子のかたちに分け，それぞれの平均点を表6.4（コーダによる親の評価）と表6.5（親自身による評価）にまとめました。

　まず，表6.4のコーダが日常生活の中で，自分の親の養育力をどのように評価しているかを見ていきます。8項目全体の平均点を，統計的手法を用いて比較したところ，「３つのかたちのコーダの平均点は差がない」という結果でした。全体の平均点の実数を見ると，回避型のコーダの平均点が最も低く，次に役割逆転型，そして親愛型のコーダが最も高い平均点を示していますが，統計的には差はなく，親から回避しているコーダも，親が大好きなコーダも，親を必死で守ろうとするコーダも，みんな，親の養育力は概ね高く評価をしていたのです。

　親の養育力については，たとえば，このように語るコーダがいました。

　　「うちの親，きこえないけど，子育てもしてくれて，買い物もして洗濯してご飯作ってくれて，それってすごいなって思って。食べようと思ったものが切れていることも，まずなかったですね。牛乳飲もうと思ったら切

表6.4　コーダによる親の養育力の評価　平均点（中津，2017をもとに作成）

|  | 回避型 | 親愛型 | 役割逆転型 |
|---|---|---|---|
| 1 親は一日のできごとを，きいてくれる | 3.00 | 3.53 | 3.47 |
| 2 親は必要な情報を集めてくれる | 3.16 | 3.63 | 3.00 |
| 3 親は忘れ物をしないよう気を配ってくれる | 2.79 | 3.95 | 4.05 |
| 4 親は朝，きちんと起こしてくれる | 3.63 | 4.63 | 4.37 |
| 5 親は良い友だちと付き合うよう気を遣っている | 2.74 | 2.58 | 3.11 |
| 6 親は努力のプロセスが大切と教えてくれる | 2.79 | 3.68 | 3.53 |
| 7 親からマナーを教わった | 3.32 | 4.47 | 3.63 |
| 8 親は，他の子と比較しないよう気をつけてくれる | 2.42 | 2.74 | 2.68 |
| 全体の平均点 | 2.98 | 3.65 | 3.48 |

　５点満点：「とても思う」５点，「ときどき思う」４点，「どちらともいえない」３点，「あまり思わない」２点，「まったく思わない」１点
　点数が高いほど高評価を示す。

れてなくて，必ず予備が置いてあって。お茶も，さぁ今日は部活動だから
たくさん持っていこうって日は必ずたくさん置いてあってみたいな。娘と
して，あれがないからつらい思いをしたって記憶がないんですよ」

　次に表6.5 の親自身による，養育力の評価の平均点も確認します。コーダの
ときと同じように，8項目全体の平均点を，統計的手法を用いて比較したとこ
ろ，「3つのかたちの親の平均点は差がない」という結果でした。子どもと心
理的な距離がある回避型の親も，良好な親子関係にある親愛型の親も，子ども
に頼り，きこえないことに引け目を感じやすい役割逆転型の親も，みんな，自
分自身の養育力については，概ね高く評価をしていました。

## 3）第三者が入ると変わる関係性

　筆者は最初，これらの結果を，少し意外に感じました。コーダについていえ
ば，回避型のコーダは，親から距離を取ろうとしているくらいですから，親へ
の養育力に対する評価も低いであろうと予想したからです。しかし，回避型の

表6.5　親自身による養育力の評価　平均点　（中津，2017 をもとに作成）

| | 回避型 | 親愛型 | 役割逆転型 |
|---|---|---|---|
| 1 子どもに，一日のできごとをきいてきた | 3.42 | 3.95 | 3.58 |
| 2 子どもに必要な情報を集めてきた | 3.16 | 3.47 | 3.21 |
| 3 子どもが忘れ物をしないよう気をつけてきた | 3.37 | 3.89 | 4.32 |
| 4 子どもを，朝，きちんと起こしてきた | 3.68 | 4.16 | 4.00 |
| 5 子どもが良い友だちと付き合うよう気をつけた | 3.11 | 2.89 | 4.05 |
| 6 子どもには，努力のプロセスが大切と教えてきた | 3.63 | 3.68 | 3.58 |
| 7 子どもにはマナーを教えてきた | 3.79 | 4.37 | 4.05 |
| 8 子どもと他の子と比較しないよう気をつけてきた | 2.68 | 3.21 | 3.53 |
| 全体の平均点 | 3.36 | 3.70 | 3.79 |

　5点満点：「とても思う」5点，「ときどき思う」4点，「どちらともいえない」3点，「あ
まり思わない」2点，「まったく思わない」1点
点数が高いほど高評価を示す。

コーダは，親の"きこえないこと"や通訳のことからは距離を置こうとしていても，親が自分を育ててくれることそのものについては，他の親子関係のかたちのコーダと同じように評価していたのです。

　親についても，役割逆転型の親は，自分がきこえないことを引け目に感じる傾向にありますから，自分自身に自信がなくて，自分の養育力も低く評価するであろうと予想していたのですが，まったくそうではありませんでした。つまり，コーダと親が二者の関係の中で日常生活を営むときには，親は子どもに対して養育の役割を果たし，子どもであるコーダは子どもらしく親から養育される普通の親子関係にあるようなのです。しかし，親子の間に第三者が入ると，親がとたんに社会的弱者になってしまい，コーダは自分の親がきこえないことを思い知らされ，親から距離を置こうとしてしまったり，コーダが親を守ったりという関係性が生じたりしてしまうのではないかと考えました。とても不安定な親子関係のように思います。親子の関係が固定化しないことによって，コーダの感情の振れ幅が大きくなることも想像できます。

　ただ，ここでふと思いました。これまで，いくつかの章でも触れてきたように，親の"きこえないこと"に対するコーダの否定的な気持ちは，コーダを取り巻く第三者しだいで和らげることができるのではないかということです。コーダの周囲に理解者が大勢いる環境であれば，コーダの親に対する否定的な気持ちを，よい方向に変えていくことはできるように思うのです。

　それに加えて，コーダの通訳の役割の負担感も，周囲のほんの少しの働きかけで軽減されることもありそうです。子どもであるコーダに通訳の役割が強要されることのない社会も，周囲の在り方しだいで，実現できるような気がします。

　第4章第3節で，コーダが親を大好きになるポイントとして，コーダと親を取り巻く周囲の環境が何より大切であるという話をしました。ここでもまた，環境の重要性を思わされます。


　私たちにできることが，見えてきたように思います。最終章では，コーダの健やかな未来のために，私たちが向かうべき望ましい社会の在り方について，一緒に考えたいと思います。

# 第7章
# コーダの健やかな未来のために

　コーダ研究の結果から導き出された内容を見てきましたが，どのように感じたでしょうか。筆者は，コーダの通訳の役割と親子の関係性を紐解くことは，まるで，コーダと親を取り巻く社会の構造を明らかにする作業のように思えました。

　コーダに，通訳の役割や親の"きこえないこと"をめぐる生きづらさがあるとすれば，それは，コーダ自身が生み出していることも，親が関係することもあるかもしれませんが，それだけではなく，周囲の人々とコーダや親とのわずかな認識の相違が，相互に複雑に関連しあって作り出されていることもあるのかもしれないと思いました。

　ですから，本章は，周囲の方々，親，コーダそれぞれに向けてメッセージを発信する形式にしました。

## 1．コーダの通訳の負担を減らしていくために ..................

### 1）通訳の負担は，親子関係に影響する

　第4章第1節では，青年期のコーダが通訳の役割に思い悩む語りが見られました。第4章第4節では，きょうだいとの通訳の役割分担がなく，ひとりで通訳を担うコーダほど，最終的に親を受け入れるまでの時期が長期化する傾向にあると述べました。第5章第1節では，コーダが通訳を担う頻度が高いほど，親がきこえないことに困惑して，仕方のないことと諦めて親を不可避的に守る気持ちが強くなっていく構造を紹介しました。第6章では，親の通訳を担い始めた年齢が低く，通訳を担う頻度が高いコーダは，親子の役割が逆転する関係になってしまいやすいことを確認しました。つまり，コーダが高い頻度で通訳の役割を担うことは，コーダの成長発達や親子関係に，ネガティブに作用することがわかったといえます。そこでコーダの通訳の負担を，減らしたいと考えました。しばしば，「コーダの通訳の負担は，通訳派遣の制度が整備されれば解消されるのですか？」と尋ねられることがあります。もちろん，通訳派遣制度や電話リレーサービスなどの支援のしくみがさらに充実して，きこえない親にとってもきこえる人にとっても使いやすい制度になっていけば，コーダの通訳の負担は格段に減っていくものと想像します。加えて，情報通信技術の進展にも期待が寄せられます。

　しかし，それだけにとどまらず，周囲の人々とコーダとの認識の隔たりを解消するだけでも，コーダの通訳の負担は減るのではないでしょうか。そして，その認識の隔たりは，周囲の人々にコーダのことを少し知ってもらうだけで解消されるとも考えました。ここからは，コーダについて知ってほしい，いくつかのことを述べていきます。

## 2）きこえない親と直接やりとりを

あるコーダが，このように語っていました。

> 「親の耳がきこえないとわかれば，すぐに表情を変えて困った顔をして
> しまう大人の人。そんな人を，数多く見てきました。ただきこえないだけ
> だから，ゆっくり口をパクパク開けたり，身振りや筆談などをすれば通じ
> るのになぜしないの？　という思いもありました」

　周囲の人々が，きこえない親と出会ったときに，どのようにコミュニケーショ
ンを取ったらよいのかわからず戸惑ってしまい，きこえるコーダに頼ってし
まうことがあります。

　つい先日，大学生のコーダが小学生の頃を振り返り，「担任の先生から，保
護者面談で親とうまくコミュニケーションを取れる自信がないから通訳してと
言われました。」と話していました。

　このように，周囲の人々から期待を寄せられる場面に，幼少期から幾度とな
く遭遇してきたコーダは多いものと思われます。コーダに頼らずとも，筆談や
身振り，口を大きく開けて会話をすれば互いに通じる内容であっても，結局，
コーダが周囲からの期待を一身に背負って通訳を担うことになる場面は今も見
られます。これが，「コーダが通訳を担うことになる理由は，親子の外側に存
在する場合も往々にしてあり，ある種コーダは，社会的に作られたヤングケア
ラーといえるのではないか」との指摘（中津，2022）につながる所以です。

　担任の先生は，きこえない親の子どもだから，当然通訳も容易にできるだろ
うと想像したのかもしれません。しかし，第2章で伝えたとおり，コーダだか
らといって全員が，手話ができるわけではありませんし，通訳といっても，多
くのコーダが，手話や口話や身振りなど，さまざまな方法を用いてどうにかこ
うにか親に伝えているという実態があります。

　ですから，コーダの周囲の方々には，コーダに通訳を委ねるのではなく，き
こえない親とぜひ直接，コミュニケーションを取ってほしいと考えます。

　じっくりとやりとりする必要があるときや，重要な場面では，どのようなコ

ミュニケーション方法がよいのか，あらかじめ，きこえない親と相談のうえ，場面によっては通訳派遣制度を利用することも選択肢としてあり得ると考えます。外出先のお店でのやりとりなど，ちょっとした場面では，たとえば筆談をしたり，スマホに文字を入力したり，音声認識アプリを用いて音声を文字化させたり，視覚的な情報を用いて指差しで伝えたり，口を大きく開けてゆっくり少し大きめの声で話したりして，きこえない親と直接やりとりをしてもらえればと思います。

　また，コーダには，周囲に手話ができる人が増えていけばいいという思いもあります。あるコーダからのメッセージです。

　　　「手話通訳者も必要ですが，緊急時や日常のちょっとした場面で手話ができる人がいる方が，コーダにとっては，ホッとするのではと思います。幼い頃の家族旅行先のホテルの受付で，通訳しなあかんなぁと思っていたら，受付の人が，手話ができて嬉しかったことが昔ありました」

　周囲のほんの少しのふるまいで，コーダの負担が軽くなることがわかります。これが，コーダの立場から，周囲の方々に伝えたいことの大きなひとつです。


## 2．"きこえないこと"が特別にならないために

### 1）「あなたが頑張らなきゃね」は違う

コーダには，よく周囲から，かけられる言葉があります。

　「あなたが親を守ってあげるのよ」
　「親がきこえないのに，頑張っていてすごいね」
　「あなたには障害がないのだから，あなたが頑張らなきゃね」
　「親がきこえなくて大変ね」

　第4章第1節では，青年期のコーダは，周囲の人々に対して心の溝があるように感じることがあるという話をしました。周囲の人たちが，親のきこえないことを理解していないように思えたり，周囲から必要以上に期待され励まされ同情されることに違和感を覚えるという内容でした。

　とくに，親戚などの身内から，「あなたが親を守ってあげるのよ」という期待をかけられた経験をもつと語るコーダは，とても多く，第4章第1節で紹介しきれなかった語りを，ここに載せます。

　　　「ろう者の子どもであるってことについて，優等生であることをすごく
　　　期待されて育てられてるんですね。父の祖父が，おまえが親をカバーする
　　　んだって，刷り込みって言うんですかね。そういうの，すごくあったよう
　　　に思いますね」

　　　「おじいちゃんおばあちゃんから，親の話をされて。親はちょっとかわい
　　　そうな面もあったけど，ここまで大人になってお前を産んだんだから，
　　　お前がこの子たちの面倒をみてやってくれって」

　もちろん親愛型のコーダのように，大好きな親を積極的に助ける例もありますが，親がきこえないからあなたが頑張れというのは，とても不自然なことのように思えます。
　周囲の期待に，戸惑いを感じるコーダもいます。

　　　「戸惑いですよね。そんな，重いじゃないですか。俺も，もうちょっと
　　　いろいろ経験を重ねて，いい年した人間ならまだしも。まだそこまで俺も
　　　いってないんで。それで，そういう責任を負わされるのは，まだちょっと
　　　きついかなって」

　また，周囲から期待を寄せられても，受け流すことができるコーダもいるのですが，一方で強い責任感のもと周囲の期待に応えようとして疲れてしまうコーダもいます。

「どっか遠方に行って帰ってくると必ず，心配だから電話よこしなさいって，親戚の叔母さんたちにいつも言われるので。毎回毎回そういうふうに言われるので，洗脳されてくんですよね，ある意味。で，もう，同級生のお父さんお母さんも親戚も，みんな私が通訳だって認識でいたからどうしようもできなくて」

　周囲からの「頑張ってるね」などの賞賛の声かけに関しては，それを嬉しく思うコーダもいれば，疎ましく思うコーダもいるようです。ただし，「"親がきこえないのに"頑張ってるね」は，コーダと親が，社会の中で何か特別な存在であるような捉え方になってしまうので，注意が必要です。
　周囲は，コーダを思い，励ますつもりで「頑張れ」「頑張ってるね」と声をかけてくれていることは，コーダ自身もわかっていることと思います。ただ，とくに青年期のコーダは，その声に敏感に反応してしまい，親にも言えず複雑な思いをもってしまうことがあります。もちろん，コーダの気持ちは多様な点に難しさはあるのですが，今，目の前にいるコーダの気持ちに思いを巡らせてもらえると嬉しく思います。
　さらに，コーダに対する「親がきこえなくて大変ね」という周囲のまなざしは，コーダの心の中に，いい子でいなければならないと張り詰めた気持ちを持ち続けさせてしまうこともあります。

　「自分自身，親を守る使命感の中で，優等生であることは絶対に外せないものだったというか。親がきこえないから，子どもはこうなんだとは思われたくないって感覚はありましたよね。きこえない親でも子どもはこうやってしっかり育つんだってことを示してあげないと，自分でも嫌だったし両親も嫌だろうなと思って。あぁ，なんか，ぶわっと感覚を思い出しましたけど，張り詰めた気持ちを持ち続けましたよね」

　第4章第1節でも述べたとおり，このような周囲からの声かけは，ときにコーダにとっては大変な重荷を背負わせることになります。親がきこえないから

という理由での，コーダに対する過剰な期待や励まし，賞賛，同情の声かけには慎重になる必要があると考えます。

## 2）障害に対する考え方を変えていく

　序章では，コーダは，親がきこえないことは生まれたときからの当たり前のことであるけれども，成長するにつれて，きこえない親に対する社会のまなざしを敏感に感じ取り，親がきこえないことは当たり前ではないのかもしれないと思うようになっていくと述べました。また，第5章第1節では，コーダの3つの心理状態のひとつに，「社会的関係における親の"きこえないこと"への困惑」があると説明しましたが，これらはコーダが自分と周囲との"きこえない"ことに対する受け止め方のギャップを感じ始めることから生まれます。コーダは，社会の中に，きこえない親をどこか特別視するような価値観が潜んでいると，それを敏感に察知する傾向があるように感じます。

　ある大学生のコーダが書いたメモを紹介します。

　社会の障害者に対する見方に気づき始めた
　⇒道徳の授業で
　生徒「自分には障害が無くて幸せだと思いました」
　先生「そうですね，気づけて素晴らしいですね」
　私　　（不満不満不満不満不満不満）

　中井らによる研究では，コーダやソーダ[1]は，社会から「障害者の家族」に対する負の社会的価値観を受け取ることで，自分自身にネガティブな認識を植え付けてしまう（だから生きづらい）と述べています（中井・丸田，2022）。そしてそれは，コーダやソーダが，きこえない家族へ否定感を抱いてしまうこ

---

1）　ソーダ（SODA）とは，「きこえない・きこえにくいきょうだい」をもつ「きこえるきょうだい」を指し，Siblings Of Deaf Adults/Children の頭文字をとった言葉。「聞こえないきょうだいをもつ SODA ソーダの会」https://soda-siblings.jimdofree.com/（2023 年 5 月 20 日閲覧）

とにつながるのだと指摘しています。コーダのためにも，社会における，いわゆる「障害」に対する考え方が成熟されていく必要があります。

　たとえば，きこえる人ときこえない人とのコミュニケーション場面では，きこえない人とは，コミュニケーションができなくて大変そうな人ではなく，思いやりの手を差し伸べてあげる人でもなく，「きこえる多数派が用いる音声言語でのコミュニケーションの方法は，きこえない少数派には使い勝手が悪く，両者の間にコミュニケーションのすれ違いという現象が生じている」と捉えることが，国際的な流れに沿っており，コーダを語るときにも用いたい考え方です（コーダの親子にとって，手を差し伸べられることは，心があたたかくなり，ありがたい瞬間かもしれないのですが，それだけではいわば多数派向けの偏りのある社会構造に本質に気づきにくくなり，いつまでたってもコーダの親子は手を差し伸べられる弱い存在になり続けてしまうかもしれないという心配があるからです）。

　また，上記のように，この社会はきこえる人向けに作られているがゆえに，きこえない親に困りごとが生じるのだと考えれば，親ときこえる第三者とのコミュニケーションのすれ違いを，コーダと親の家族だけが必死に頑張って修正するのは，まだ不十分な世の中といえます。

　このような考え方について，周囲の方々と共有していくこともまた，コーダの生きづらさを軽減させていくことにつながるものと考えています。第4章第3節では，コーダの成長発達にとって，コーダと親を取り巻く環境に，理解者が大勢いることこそが重要という話をしました。本書が，コーダときこえない親の理解者が増えていく一助になれば幸いです。


# 3．もしもコーダに出会ったら

## 1）"知ってほしい"と"特別扱いしないでほしい"

　「コーダの人は，コーダのことを知ってほしいという一方で，特別扱いはし

ないでと望んでいる。周りは，どうしたらいいのでしょうか」と，周囲の方々から，コーダについて質問を受けることがあります。なるほど，確かに両者は，正反対の主張のように見えるかもしれません。しかし，この二つの望みは両立するものであり，"まずはコーダのことを知ってもらったうえで，特別な扱いはしないでもらえれば嬉しい"という意味と，受け止めてほしいと思います。

　既にこれまでの章で示してきたとおり，コーダにはきこえる親の子どもにはない特有の気持ちがあり，コーダの親との関係も，きこえる親子とは異なる固有の関係性が確認されています。コーダは，他の子どもとは違う面が，確かにありました。問題なのは，確かに違いがあるにもかかわらず，その違いに蓋をして，それがないかのように"みんな同じ"と扱ってしまうことにあると考えています。そうではなく，コーダのことを知っていただき，他の子どもとの違いの理解がなされたうえで，特別に構えることなく見守ってもらえれば，コーダにとって嬉しいものと思います。そして，本書の第4章第1節のコーダの気持ちと照らして，「このコーダは，今どんな気持ちをもっているのかな」と想像したり，第6章の3つの親子関係のかたちに照らして，「このコーダは，今どの親子のかたちに近いのかな」と考えてみてもらえると嬉しいです。

　この社会には多様な子どもたちがいて，その中にはコーダという子どもたちも存在するとまだまだ知られていないことが，コーダの生きづらさにつながっていると感じています。コーダもそれぞれですから，難しいことではあろうと思いますが，まずはぜひコーダについて広く知っていただけることを願っています。

## 2）"あなたの親ってすごいね！"

　第5章第2節では，親の「きこえないことに対する引け目」という心理状態が見いだされました。親自身が，自分のきこえないことを恥ずかしいものと捉えて，子どももそう感じているであろうと思い，引け目を感じる状態です。親が自分に自信がないことで，子どもであるコーダも，"親は能力が低い，ダメな人間なのだ"と感じて，親に対して否定的感情を抱いたり，もしくはきこえない親はできないことが多いと認識して，親を必死で守ろうとしたりしてしま

うことがあるという話も，第4章第1節や第5章第1節で触れてきました。

　コーダが親をダメな人間だと思ってしまうときに，周囲の人々の，「あなたのパパ，ママってすごいね！」と親を褒めるような声かけがあると，コーダの親に対する否定的感情や，親のことを自分の責任のように感じてきたコーダの張りつめた気持ちがほんの少し和らぐことは，コーダの語りから確認されています。

　　　「親を褒められると，すごい嬉しくなりますね。親は褒められる機会がなくて，周りから，けなされることばかりだったので。父親のろう学校の先生が，一度うちに来たときに，父の手話がうまいと褒めてくれたんですね。すごく嬉しくて，親を見直したのを覚えています」

　もしも，まだ小さなコーダと出会うことがあれば，親のいいところを見つけて褒めてみてください。ほんの少しのことでも，肩の力が抜けて，コーダの気持ちが楽になることもあるのではないかと思います。


## 3）コーダという言葉を伝えてほしい

　そして，もしもコーダに出会うことがあったら，コーダという言葉を伝えてほしいと思います。第1章でも既にお伝えしたとおり，コーダにとって，いつかコーダという言葉を必要とするときがくるかもしれません。そのときのための"お守り"として，伝えてもらえればと思います。

　筆者自身の幼少期を思い返せば，わが家の周囲の方々は，地域で，筆者たち親子と，もちつもたれつの日々を営んでくれました。ありがたくもあり，懐かしくもあり，筆者の原体験のひとつとなっています。制度的な面でのサポートももちろん大切ですが，それと同じくらい，地域に流れる偏りのない意識に居心地の良さを感じました。みなさんとともに，コーダの生きづらさを生み出す社会を変えていけたらと思います。

|||||||| **第2節**
　　　 **きこえない親の方々へ**

|||||||||||||||||||||||||||

　この節では，コーダがきこえない親に望むことをまとめました。本書では，とくに青年期のコーダの気持ちを見てきましたから，ここでも青年期のコーダの少し複雑な感情を，正直に伝えます。コーダの親に対する想いを，あたたかく見守ってもらえれば嬉しく思います。

## 1．コーダの通訳の役割を見直す ·······················································

### 1）きこえる人と直接やりとりを

　本書では，コーダが親の通訳を担うことに注目してきました。そして，コーダが通訳をたくさん担うほど，コーダの成長発達や親子関係に，マイナスに作用してしまうことがわかりました。ここでは，コーダの通訳の役割を，見直してみたいと思います。

　通訳とは，ただ音声を手話や文字に変換するだけのものではなくて，実はとても難しい作業です。きこえない親には，通訳派遣制度が使える場面では，ぜひ積極的に活用してほしいと思っています。子どもであるコーダに頼む方が，通訳者にお願いするよりも気を遣わないこともあるかもしれません。けれども，コーダの調査研究では，コーダが通訳を担うほど，親を心理的に受け入れる時期が遅くなってしまったり，コーダが頑張りすぎて親子の関係が逆転し，コーダの心理的な負担になったりするという結果が出ました。コーダの健やかな成長のためにも，良好な親子関係を形作っていくためにも，ぜひコーダの通訳の役割は減らしたいと考えます。

　しかし，それでも私たちの日々の生活の中では，たとえば急に通訳が必要になったときには，通訳派遣制度を利用しようとしても通訳者が見つからなかったり，あるいは派遣依頼する余裕がなかったりするときもあると思います。通

訳派遣制度を頼むほどではない場面も，あるかもしれません。ただ，そのようなときも，状況しだいではありますが，まずはコーダが通訳をするのではなく，直接，きこえる人との会話を試みてほしいと思います。筆談のほか，スマホに文字を入力するとか，音声認識アプリも認識率が格段に向上しましたから，場面によっては使い勝手がいいかもしれません。電話であれば，電話リレーサービスの制度もあります。第7章第1節では周囲の方々にも，コーダの立場から「コーダが通訳をするのではなく，親ときこえる人とで直接話ができれば，コーダの成長発達のためによりよい」という話をして，きこえない人とぜひ直接やりとりしてみてほしいですと，お願いをしました。

## 2）きこえないお父さん・お母さんにお願いしたい5つのポイント

　一方で，コーダ側も，親のために通訳のお手伝いをしたい気持ちをもつことがあります。当然のように親を助けようと通訳するコーダもいます。そのようなときは，親には，コーダに通訳を任せてよい場面とそうでない場面をしっかりと判断することをお願いしたいと思います。

　もしもコーダが通訳をすることになった場合に，きこえないお父さん・お母さんにお願いしたい5つのポイントをまとめました。

---

◆コーダが通訳をするときに
　――きこえないお父さん・お母さんにお願いしたい5つのポイント
① コーダの状況に見合った，極めて簡単で短時間の内容・場面のみ任せる。
② 通訳をしたら必ず「助かったよ，ありがとう」と伝える（通訳したから偉い，ではない）。
③ ②と同時に，「通訳はあなたの義務ではない」と伝え続ける。
④ ②と同時に，「お父さんやお母さんは，あなたに頼らなくても大丈夫なのだよ」と伝え続ける。
⑤ コーダが頑張りすぎているようなときには，不満感情を出しやすい雰囲気を作る。

---

　コーダは，ときとして周りの人たちから，「きこえないお父さんお母さんを助けてあげてね」と言われたりすることで，頑張りすぎてしまうことがあります。そのため，コーダに通訳をお願いするときは，コーダが頑張りすぎていないか，ことあるごとに様子を見守っていてください。全国のコーダに，子どもらしく成長していってほしいと，コーダの先輩のひとりとして心から願っています。「コーダが通訳をするときに——きこえないお父さん・お母さんにお願いしたい５つのポイント」を，この先もぜひ心に留めておいてもらいたいと思います。

### 3）"助かったよ，ありがとう"

　先ほどの５つのポイントのうち，②の「通訳をしたら必ず『助かったよ，ありがとう』と伝える」については，大人になったコーダたちが，「通訳をしたときに，親から褒められたことある？　ない？」と，よく話題にする内容です。

　　「コーダのみんなと話してて，通訳のときに親からお礼言われたことないの？　ってきかれて，ないよって言って結構笑い話になるんだけど。みんなは，あるって。結構あるって言う人もいて。ごめんね，お前にこんなに負担をかけさせてとかって言う親もいるんですよね。だから，それぞれ違うから。でも私の親は，お礼は言わない。言ってほしい？　ってきかれたら，言ってほしいとは思うけど，今はいいかな，とりあえずは。でも，絶対に言った方がいいと思いますよ」

　やはりコーダは，親のために何かしたいという気持ちがありますから，５つのポイントの①にあるとおり，極めて簡単な子どもでもうまくいくような場面の通訳だけをコーダに任せて，その結果うまくいってもいかなくても「ありがとう，助かったよ」と褒めることで，コーダにとって自分は役に立てたという達成感を得ることができ，やればできるという自信にもつながるものと思います。「あなたのことが大好きよ」などと，まるごと褒めるのも，コーダの心

に残ると思われます。気をつけたいのは、「通訳をしたから偉い」ではないということです。また、5つのポイントの②は、③「通訳はあなたの義務ではない」と、④「お父さんやお母さんは、あなたに頼らなくても大丈夫なのだよ」とセットで伝えてもらいたいと思います。

## 4）コーダが不満感情を正しく出せる雰囲気を

　5つのポイントのうち、⑤の「コーダが頑張りすぎているようなときには、不満感情を出しやすい雰囲気を作る」については、「へぇー、そうなのね」と思われた方もいるかもしれません。とくに青年期のコーダは、親を守る使命感が強すぎると、自分の不満感情は抑えてしまうことがあります。そして、第4章第4節でも紹介したとおり、青年期に不満感情を抑え込んでしまったコーダは、大人になってから爆発的に反抗してしまうこともあれば、表面上は親を守って通訳を担い続けながらも、心の中にいつまでも葛藤を抱え続けることがあります。

　このことから、青年期のコーダが不満感情を出せることは、コーダの健やかな成長発達に大切なことと考えています。コーダが頑張りすぎているようなときには、ぜひ安心して不満感情を出せるような雰囲気を作ってもらえればと思います。コーダが、もしも親に不満感情を出せないようであったならば、安心できるスペースや同じコーダの仲間たちに、葛藤する気持ちを吐き出せたらいいと思っています。ですから、コーダが集まる会は必要と考えます。

　ここまでは、頑張りすぎてしまうコーダの話をしましたが、もうひとつ異なる視点から、別のタイプのコーダの話を付け加えます。回避型の親子関係にあるコーダです。第6章では、回避型のコーダの困惑した心理状態は、決して、一般の青年期の第二反抗期と同様の発達過程と捉えてはならないという話をしました。もちろん個別性は高くて、それぞれのコーダによりますが、とても苦しくなって、困惑しながら親から離れていってしまっていることも考えられますし、なんともいえないこのモヤモヤやイライラを、すべてきこえない親のせいにしてしまっていることも、あるかもしれません。回避型のコーダには、（最初はうまくいかないかもしれませんが）とくに「しっかりと話をきくよ」

「あなたのことを思い続けているよ」という姿勢を，示し続けてもらえればと思います。青年期には回避型だったという，何人かのコーダのエピソードを紹介します。

　　「今思えば，あの反抗は，親がきこえないからだけじゃないんですけど，そこから始まって，いろんな話に飛び火して。もう，いろんなことが嫌になるんですけど，根本的には，親がきこえないからだって。なんだろう，他の人とは違うみたいな。うちのおかあさんは違う。で，私も違うっていうのはあったかな」

　　「私，何か，なんていうんだろう。とりあえず暴言を吐きまくってました。ムカついてたりすると，親に，"お前は，きこえないんだからいいだろう"，みたいな。きこえないっていうことを，やたら言って。"私の大変さもわかれ"みたいなことを一方的に言ってました」

　　「親は，自分の言いたいことだけ言って，あとはこっち向かない。いいかげんにしろ，私の言うこともきけって，お母さんへのメールをすっごい速さで打ちまくります。それもまた，ね，なんで私はこんなことしてんだろって，イライラの原因になるんですよね」

　　「言い合うこと自体，面倒くさいというか。結局手話でやって二倍の気力を使わなきゃいけなくて。向こう〈親〉がそっぽ向くと，何も聞いてもらえないから，ばばっと言い合うことができない，向き合って話さなきゃいけない。そこに時間を割くのが，もう本当に面倒くさい」

　でも，そんなときにも親は諦めなかった，というエピソードを語ってくれたコーダがいました。

　　「中学の頃かな，俺が，コンビニの前でたむろしてても，お母さんは自転車で来て，俺のこと蹴り飛ばして，そのまま無言で帰っていく。友だち

たちは，お母さん怒ってるよ，早く帰りな，って言って。無断外泊しても，お母さんは，その子の家に，ピンポン何回もしにきたりして」

このコーダは，大人になった今，当時をこう振り返ります。

「今思えば，お母さん，よく諦めなかったなって。俺，すごかったと思うので。当時は，お母さん，早く俺のこと諦めてくれたらって，ずっと思ってた。そしたら俺，好き勝手できるって思っていたのに，お母さんは諦めなかった。やっぱり，すごいなって思います」

## 2．前向きにコーダと向き合う

### 1）話をしっかりきいてね

当然のことではありますが，子どもであるコーダは，親に話をきいてほしいときがあります。青年期の第二反抗期のときや，回避型のコーダでも，親に話をきいてほしいときは同じようにあります。そのときに，会話が通じなくても，「〈きこえる〉おばあちゃんを呼んでくる」のように，きこえる人に助けを求めたり，「きこえる世界のことは，よくわからない」と諦めたりしないでほしいと思います。肝心なときに親に拒絶されると，「親に何を言っても仕方がない」と，親を避けようとしてしまいがちになります。

無理に話をききだそうとする必要はないけれども，コーダが親と話をしたいときには，しっかりときいてほしいと思います。コーダが親との会話に望むことは，親子でしっかり話ができたという満足感を得ることなのです。

### 2）堂々と向き合ってね

もうひとつ，コーダの立場から，きこえない親の方々に伝えたいことがあります。既にこれまでの章で，何度か話してきた内容です。

　親が，自分自身のきこえないことを受け止め，いつも毅然とした態度で子どもであるコーダに向き合うことこそ，何より大切な視点であると考えています。第4章第2節では，親のことが大好きなコーダを取り上げ，その親は，自分自身のきこえないことを前向きに捉えて，コーダへ，「親がきこえないことや，手話は恥ずかしいことではないよ」と伝え続けていました。また，同じ節で，親自身がきこえないことに引け目を感じるような態度であると，コーダの"他と違う親"に対する否定的な気持ちが大きくなっていったり，あるいはコーダが親を守ろうとして，子どもらしくない子どもになってしまったりするという話をしました。

　あるコーダは，中学生の時期を振り返って，このように語っていました。

　　　「親に心配かけさせないっていうのがずっとあったから，自分で全部消
　　　化して，全部自分で決めて，できることは行動する，できないことは諦め
　　　るってことを繰り返して，大人になりました」

　最近では，さまざまなテクノロジーや社会資源を活用し，子どもを介さず直接，周囲とコミュニケーションをとるきこえない親が増えてきました。社会にある不便さを解消するために自ら行動し，自分に自信をもって子どもとの関係を築く親も多く見られるようになりました。「親が，自分自身のきこえないことを受け止め，いつも毅然とした態度で子どもであるコーダに向き合う」。このことこそ，コーダの健やかな成長発達につながる重要な視点であると，きこえない親の方々に伝えたいと思います。子どもであるコーダに，「お父さんやお母さんは，きこえなくても工夫すれば大丈夫なのだよ。安心してね」と伝え続けてください。

**【参考】きこえない親の関連団体（2023年10月現在）**

①WPコーダ子育て支援「手話で 親子 ハッピー」

コーダ子育て中の当事者であるスタッフが，きこえる子どもを育てているきこえない親へのサポートや子育て情報の提供，イベント開催，社会啓発活動を行っています。
https://note.com/coda_wp

②さくらんぼ

きこえない親の子育てサークルです。神戸・大阪・奈良など，近畿を中心とした阪神圏にて活動しています。
https://ameblo.jp/deafsakuranbo/

③コーダを育てる親の会〜こだおや〜（LINEオープンチャット）

幼児期の子育てハックから思春期コーダの心のケアまで，コーダ子育て中の親たちで悩みをシェアしアドバイスしあいながら，楽しく子育てするヒントを共有しています。

④きこえないママ×まちプロジェクト

きこえないママと地域に住むきこえる方がつながれるきっかけの場を提供。おしゃべりや意見交換，情報交換をしたり，日々の生活の中で感じていることを発信しています。
https://lit.link/deafmachiproject

⑤でこぼこコーダ

発達障害でこぼこの CODA を育てているきこえない親の
ネットワークです。未就学児のお子さんがいるメンバーが
LINE および対面で情報交換をしています。
https://note.com/dekoboko_coda

|||||||| **第3節**
**コーダの方々へ**

||||||||||||||||||||||||||||

　本書では，コーダが担う通訳の役割を中心に，コーダの変わりゆく気持ちと，
きこえない親との関係性をみてきました。コーダの方々は，自分自身と重ね合
わせて，いかがでしたでしょうか。気持ちのあり方は，親や周囲の人々との相
互の関わりあいにより形作られていくものですから，コーダといっても一様で
はなく，それぞれの違いを興味深く感じ取った方もいると思われます。また一
方で，根底に流れる，コーダに共通する何かを発見したという方もいるかもし
れません。

　以下に，コーダの方々へのメッセージをまとめました。いくつかのメッセー
ジの中から，今の自分の心情としっくり馴染む箇所があれば，じっくりと目を
通してみてください。

## 1．自分を見つめ直す

### 1）肩の力を抜いて生きてみる

　第5章第1節で，青年期のコーダがもつ3つの心理状態について取り上げた

ことを覚えているでしょうか。「社会的関係における親の"きこえないこと"への困惑」「親の"きこえないこと"の受け入れ」「親や周囲に頼らず自立を選ぶ」という３つです。表5.2には，それぞれの心理状態を構成する項目と，各項目に対するコーダ104人の平均点を示しました。点数が高いほど，その心理状態を強くもっているという意味です。

　ここでは，３つめの心理状態「親や周囲に頼らず自立を選ぶ」に注目します。もう一度，第５章第１節の表5.2を見てみましょう。「親や周囲に頼らず自立を選ぶ」という心理状態を構成する６項目のうち，一番平均点が高かった項目は，「人生は自分で切り開いていく」（平均4.39点）で，次に「私は，自分のことは自分で判断する」（平均4.13点）でした。５点満点の設定ですから，どちらの平均点も高めです。かなり多くの青年期のコーダが，人に頼らず自分で人生を切り開き，自分で判断するという気持ちをもって日々を過ごしていることが想像できます。

　人に頼ることが苦手なんですと言い切るコーダに，よく出会います。コーダだから，人に頼ることが苦手なのか，単にたまたま，そのコーダが人に頼ることが苦手な性格だからなのかは，わからないのですが，「きこえない親と暮らしてきた経験ゆえに，人に頼ることが苦手になったと語るコーダが，少なからずいる」という事実があることは確かです。
　既に大人になった，あるコーダは，こう話していました。

　　　「小さいときから，ほら，親に頼れないところがあったでしょ。親を助けなきゃいけなかったし，親に何か相談しても，的確な答えがかえってこない。だったら自分で判断しよう。自分で判断して，その結果だけ親に伝えようってね。そんな癖がついちゃったから，今さら人に頼るってやり方がよくわかんないっていうかね。人に頼るくらいなら自分で頑張る，みたいなね」

　もちろん，このコーダの場合も，すべてのことを親に頼らなかったわけではないと思います。第６章を振り返ってみると，どのコーダも自分の親に対して，

親としての日常の養育力については一定の評価をしています。ですから，人に頼ることが苦手と語ったこのコーダの親も，親としての養育の役割は十分に果たしてきたのだと想像できます。ただ，このコーダの心の中には，大人になった今でも，当時の"自分で判断した"経験が，記憶に色濃く残っているということなのかもしれません。

　コーダの語りは続きます。

　　　「だから，人に迷惑をかけることも，いまだに嫌だね。小さい頃から，親がきこえなくても，うちの家族は人に迷惑をかけないように生きていこう，なんて思ってたからね」

　コーダは，小さな頃から，親や周囲からの期待を受けて頑張りすぎてしまうことがあるという話は，これまでいくつかの章で取り上げてきました。もちろん全員ではなく個別性が見られることは，前提としてありますが，頑張りすぎてしまうコーダの場合は，気持ちを抑え込みながら青年期の時期を過ごしがちになることも，第4章第4節でお話ししたとおりです。そしてその後，大人になった今でもつい自分の感情に蓋をしてしまって，相手の望んでいることを敏感に察知して相手のためだけに動き，自分は人に頼ることが苦手なままなのだと言います。その状況を受けて，第7章第2節では，きこえない親に向けて，コーダが安心して不満感情を出せる雰囲気を作ってもらいたいという話をしたのです。

　コーダが周りに頼らず，ひとりでなんでも決めてしまうところは，一見よいことのように見えてしまいがちですが，その危うさを，コーダ自身も意識する必要があるかもしれません。自分の感情に正直に，困ったときには困ったと言っていいのです。親や周囲からの役割期待を背負いすぎずに，日々を過ごしてほしいと思います。たとえば，通訳が面倒だったり負担だったり，親がきこえないことをよく思えなかったり，周囲の人の言うことや行動に違和感をもったりすることがあっても，まずはその気持ちを大切にしてほしいと思います。親に否定的な感情をもつことは親不孝なのではないかなどと，思わなくて大丈夫です。通訳のことや，親や周囲の理解については，コーダだけが思い悩むこと

ではなく，みんなで考えていかなければいけないことなのですから。また，第
4章第2節で述べたように，親の気持ちも変わりゆき，親も成長していくもの
ですから安心してください。

　もしも，親や誰かに，自分の正直な気持ちを言えそうにないようであれば，
このページを見せて誰かに伝えるなどして，この本を活用してもらえたら嬉し
いです。

　また，身近に誰か安心して相談できる人がいれば最もよいですが，第4章第
1節でお話ししたとおり，コーダは，周囲に相談できる人がいないという気持
ちをもつことがとても多いです。もしも周りに相談できる人が誰もいないよう
であれば，本章「3．他のコーダのことを知ってみる」を読んでみてもらえれ
ばと思います。もちろん，今とくに迷ったり悩んだりしていないコーダも，他
のコーダについて知ってみることは，じっくり自分と向き合うことになり，お
すすめです。

　次に，既に大人になったコーダに向けて，大人のコーダの語りを紹介します。
自分の生い立ちを振り返り，このように語っていました。

　　　「自分自身，けなげだったなぁって。子どもの頃の自分に対して，あな
　　たけなげだったね，って言ってやりたい。つらいって言える人もいなくて，
　　かわいそうだったねって。その当時，大変だったとかつらいとか思っちゃ
　　いけないと思って，それを閉じ込めてきたけれども，それをずっと抱えて
　　きてて，けなげだったねって。当時の自分を思い出して。だから，自分の
　　境遇が絶対嫌とかそういうことではないですけど，私は，ちょっと特殊な
　　経験をずいぶんしてきたんだなぁってことですかね」

　既に大人になったコーダの方々，幼少期から積み上げてきたやり方や，培っ
てきた性分を，大人になってから変えることは難しいのだろうと思います。で
すが，もう十分，頑張ってきたのですから，これからは意識的に人に話してみ
たり頼ったりして，少しだけ肩の力を抜いて生きてみてもいいかもしれません。

## 2）親との関係を見つめ直してみる

　コーダの方には，ときどき親との関係を見つめ直すことも，おすすめしたいと思います。第 4 章第 3 節では，コーダが親を大好きだと思うようになるための 3 つのポイントのうちの 1 つとして，「親子で，親のきこえないことについて，たくさん対話をする」ことを挙げました。もしも可能であれば，きこえない親と一緒に，親の“きこえないこと”について，素直な気持ちもぶつけながら，たくさん話をしてみるといいと思います。いろいろな理由で，親とそのような話をすることが難しければ，自分の心の中で，親との関係を見つめ直すだけでも，自分の気持ちが整理されて，とてもよいと考えています。青年期のコーダの方，親との関係を見つめ直す作業は，大人になる前（早いうち）からがいいかもしれないというのは，大人になった多くのコーダたちからのメッセージです。

　以下は，大人になってから，親との関係を見つめ直したコーダたちの語りです。

　　「そういうこと，思っちゃいけない，言っちゃいけない。本当は両親がきこえるところに生まれてきたら楽だったなって感情はあるけれど，それを思っちゃいけない，言っちゃいけないって思っていたことが，大人になってからわかったんです。親とは仲がよかったんです。よかったんだけど，お父さんとお母さんから，きこえないけどごめんねっていつも言われてたから，親の耳のことは触れちゃいけないことだと思ってたから，こと，きこえないことに関しては，タブーみたいな感じで一切話してこなかった。それが，親子の間にずっと壁のようにあったんだって，やっと気づきました」

　　「かわいそうだというのもずっとあって，親に対して。すごく素直になれない自分というか，親の前でも笑えなかったというか，それは小さい頃からで，なんか堅い子だったんですね。甘えられなかったんですよ，親に」

「たまに思うのは，親子だけど，私の中で結局，障害というものが間に
あるという気がしてならないというか，もしかしてそれはなくならないの
かなとか。お互いにそれがある気がして。自分も親に対してあるし，親も
自分に対してあると思うんですよ。それを超越して親子というものをつく
りあげている人もいると思うんですけど，私のところは難しいかな。でも
どうだろう，この先わからない」

「いさかいが，あったりする。家族の中でも，親戚の中でも。これ，も
しお父さんお母さんがきこえてたら，なかったものか，それとも別にそれ
は関係なく個人的な人間性，性格とかの問題であって，どこまでがそうだ
ろうっていうところが，なんかいつも考える。不都合になると，親のき
こえないせいにしてしまいたくなるのが，ちょっと葛藤している部分かな。
この葛藤は，いつまでもあると思う」

　大人のコーダの方にも，大人になってからでも遅いなどということはなく，
親子関係とはこの先もずっと変わりゆくものですから，現時点までの親との道
のりを振り返ってみることを，おすすめしたいと思います。


## 2．親を取り巻く世界のことを知ってみる　　　　　　　　　

　第4章第1節では，コーダにおける通訳と親に対する気持ちと，その変化を
たどりました。個人差があることを前提として，青年期のコーダは，通訳の役
割と親に対して否定と肯定の両極の気持ちを抱きつつも，やがて成人期には，
親のきこえないことを理解して受け入れていく，ひとつの過程が見いだされま
した。コーダが，親のきこえないことを受け入れる契機は5つあります（知識
を得る，視点を切り替える，周囲は特別視していないと気づく，自分の人生の
転機，自然に受け入れる）。そのほとんどが自然なタイミングで親を受け入れ
ていく契機でしたが，「知識を得る」ことは，コーダが能動的に行動を起こす

ことができる契機です。

　コーダにとって，親を取り巻く世界の知識を得ることは，よいものかもしれません。知識を得ることで，親を受け入れていったというコーダの語りについて，第4章第1節で紹介しきれなかったものをひとつ挙げます。

　　　「大学で，異文化コミュニケーションっていうのを勉強してるうちに，きこえる，きこえないってものを，福祉的ではなくて文化的に，異文化として見てみたいんやけどって思うようになって。そしたら，また不思議とね，手話っておもろいなぁって思えたりして」

　そのコーダは，こう話を続けてくれました。

　　　「もっと知りたくなった，きこえない世界を。今までは，本当に渦中にいたので。子どもだったし，わからなかった。でも，ちょっと客観的に外から見ると，この世界おもしろいかもって」

　そして最後に，こうも話してくれました。

　　　「自分には，切っても切れないものに，きこえない世界というものがあったって気づいた。それは，嬉しい気づきやったな」

　きこえないことについて学ぶことが，親を理解し，ひいてはコーダである自分を確立していくきっかけになっているようにも見えました。きこえないことについて学ぶ例として，ここでは，大学の授業が出てきましたが，知識を得る方法はさまざまにあります。ぜひ身近なところから親を取り巻く世界の知識に触れてみてほしいと思います。

## 3．他のコーダのことを知ってみる

　第4章第1節では，青年期のコーダには，「相談できる相手がいない」という気持ちがあると述べました。悩みを誰かに相談したくても，周囲には自分の境遇を理解してくれる人がいなくて，ましてや親に相談するわけにもいかずに一人で抱え込み，結局すべてを諦めてしまうと語るコーダがたくさんいました。

　コーダは，自分以外のコーダに出会う機会がなかなかないですから（たとえば，きょうだいや，いとこなどは身近なコーダとして存在しますが，親がきこえないことについてざっくばらんに話し合えているきょうだい関係は，まれに見かけるもののごく少数のように感じます），ロールモデルとなる存在が身近にいなくて，とくに青年期の過程でどのような心持ちでいればいいのか，どのように親を受け入れていけばいいのか，周囲からの期待にどう対処すればいいのかなどの情報が少なすぎて，戸惑うこともあるのではないかと思います。青年期の自己を形成していく発達段階に，他のコーダの情報を得ることができれば，自分ひとりではないという感覚を得ることができ，孤立感や不安を解消できることもあるかもしれません。

　たとえば，似たような経験を経たコーダの先輩のエッセイやSNS，ホームページなどを見聞きしたり，セルフヘルプ機能をもつグループに参加してみたりして，自分以外のコーダについて知ってみれば，自分の未来への何かしらの手がかりを得ることができるかもしれません。エッセイでは，たとえばコーダの五十嵐大さんによる記事や書籍があります。ホームページでは，日本でのコーダ研究の第一人者とされる澁谷智子先生のページ[2] や，筆者が運営しているコーダの情報を集めた「コーダのページ」[3] があります。そして，コーダのグループについては，日本には「J-CODA」などのコーダ当事者が集う団体が存在します。J-CODAとは，第1章でも少し紹介したとおり，1995年に発足した，全国的なコーダのセルフヘルプ・グループとしての機能を担う団体です。

---

2)　「澁谷智子のホームページ」http://shibuto.la.coocan.jp/（2023 年5 月20 日閲覧）
3)　「きこえない親をもつきこえる子ども CODA コーダのページ」
　　https://marblemammy.wixsite.com/coda-and-parent（2023 年5 月20 日閲覧）

2023年現在では，約60名のコーダの会員が所属しており，勉強会や交流会などのイベント開催，会員限定のメーリングリストを通じた情報交換等を行っています。

　セルフヘルプ・グループは，決して全員のコーダにいつも必要なわけではないと思いますが，必要なときに必要なコーダが，すぐにアクセスできるような形で存在していることが望ましいと考えています。そうはいっても，アクセスするには勇気がいると感じているコーダの方々も，たくさんいると思います。

　コーダのセルフヘルプ・グループの集まりに参加した，あるコーダの語りです。

　　　「コーダが集まる場があったらいいなと思った。うん，昔から思ってた。でも，たとえば中学生のときに，ここにいけば，きこえないお母さんがいる子たちばっかりいるから，あなたもちょっとそこに行って話してきなさいよって言われたら，嫌だったと思う。死んでも行かないって思う。絶対行きたくないって。交流ももちたくないし，そこで，みんなにお母さん大事にしようよみたいな説得をされるのも嫌だし。だから，その抵抗感が突破できれば，すごい話して最後には楽になって，帰りにはすっきりしていると思う」

　どのセルフヘルプ・グループも，コーダが安心して参加できる環境を作っています。さまざまな気持ちをもつコーダがいて，どのコーダの気持ちも尊重されるのが，セルフヘルプ・グループの特徴ですから，もしも同じ境遇の仲間と話がしたいという気持ちになるときがあれば，コーダの会のことを思い出してみてください。自分と自分を取り巻く環境を，今までとは少し異なる視点で見つめ直すことができるように思います。

## 4．きこえない親をもった自分だからこそ，できることがある

　ここでは，青年期のコーダがもつ３つの心理状態のうち，「親の"きこえな

いこと"の受け入れ」の心理状態を取り上げます。「親の"きこえないこと"の受け入れ」という心理状態を構成する8項目のうち，最も平均点が高かったのは「きこえない親をもった自分だからこそ，できることがある」で，コーダ104人の平均点は，5点満点中4.24点でした。そして，コーダ104人のうち，92人ものコーダが，「ある」または「ときどきある」という回答をしていたのです。筆者は，この結果にコーダの前向きな思いを感じて，いろいろなところで引用しています。コーダが，日常のちょっとした場面で，これって自分がコーダだからできるのかな，とポジティブに思える気持ちを大切にしていってほしいと願っているからです。

　　　「自分は，周りの友だちより，多様性をすんなり受け入れることができ
　　るかもって気づいたんです。わかんないけど，これってコーダだから？
　　って思ったり」

　私たちは，たまたまコーダに生まれたわけですが，ある意味でこの曖昧さをもった存在を"私だからこそ"という発想に変えて，等身大の自分を好きになって生きていくのも，なんだかおもしろそうです。
　もしも，親のことが心配で，自己犠牲的に親を強く守ろうとしているコーダがいたら，どうか自分の気持ちを最優先にしてほしいと願います。(進学や就職，結婚などでやむを得ず実家を離れたコーダたちが，「自分がいなくても，案外，親は大丈夫だったよ」といって肩の荷をおろしていく様子を，これまで何度も見てきました)。

　本書では，何人ものコーダの語りを紹介しました。それぞれのコーダが，きこえない親との道のりの中で何を思い，どのような人生をあゆんできたのかを，この本を通して知っていただければ嬉しく思います。そして，コーダに共通する葛藤と，一方でコーダがもつ力強さも感じ取っていただけたら幸いです。

# おわりに

　「自分って一体何なんだろう」と，漠然と思っていた過去の私に届けたい一冊になりました。みなさんは，この本を読んでどう感じるのだろうと，今少しドキドキしています。どこかで頑張っているコーダにも，この本が届きますように。

　この本は，通訳の役割を巡るコーダの気持ちや親子関係のことを書いています。本を通して伝えたかったのは，「きこえない親ときこえる第三者とのコミュニケーションのすれ違いを，コーダと親の家族だけが必死に頑張って解消しようとする世の中は，もう終わりにしようよ」ということです。筆者の15年にわたるコーダ研究の結論のひとつでもあります。世の中には多様な人々が生き，親子のかたちもさまざまです。コーダの親子も，さまざまな親子のひとつのかたちとして，自然に溶け込んでいける世の中であってほしいというメッセージを，この本に込めました。拙い文章ではありますが，みなさんに伝わればいいなと思います。

　この本の制作にあたり，私のコーダ研究の恩師である廣田栄子先生，推薦文をいただいた熊谷晋一郎先生，素敵な装画を描いてくれたミカヅキユミさん，コーダ研究を本という形にしてくれた金子書房の加藤浩平さんに，心より感謝申し上げます。

　さて，コーダの本を書き終えたところではありますが，コーダとは何か，まだまだわかっていないことがたくさんあります。だから，これからもみなさんと一緒に考え続けていきたいと思います。

　コーダの物語は，始まったばかりです。

2023年9月

中津　真美

＊本書の内容は，科研費（15H06123，17K04197）の研究成果を使用しています。

## 引用文献

安東 明珠花（2022）．コーダの手話継承——コーダ同士の語りからの分析・考察—— 言語文化教育研究, *20*, 59-73.

Buchino, M. A. (1993). Perceptions of the oldest hearing child of deaf parents: On interpreting, communication, feelings, and role reversal. *American Annals of the Deaf*, *138*(1), 40-45.

ブラザー，M. 米内山 明宏・市田 泰弘・本橋 哲也（訳）（1996）．CODA とは何か 村上 靖彦・澁谷 智子・朝田 健太（著） 現代思想（総特集 ろう文化），青土社，366-370.

Erikson, E. H. (1982). *The Life Cycle Completed : A Review*. New York : W. W. Norton & Co.

（エリクソン，E. H. 村瀬 孝雄・近藤 邦夫（訳）．（1989）．ライフサイクル，その完結 みすず書房）

福島 朋子（1992）．思春期から成人にわたる心理的自立——自立尺度の作成および発達的検討—— 発達研究, *8*, 67-87.

Hadjikakou, K., Christodoulou, D. Hadjidemetri, E.,Koniadri, M., & Nicolaou, N. (2009). The experiences of Cypriot hearing adults with deaf parents in family, school, and society. *Journal of deaf studies and deaf education*, *14*(4): 486-502.

星野 正人（1996）．CODA から見たろう文化 村上 靖彦・澁谷 智子・朝田 健太（著） 現代思想（総特集 ろう文化），青土社，76-77.

木村 晴美・市田 泰弘（1996）．ろう文化宣言 村上 靖彦・澁谷 智子・朝田 健太（著） 現代思想（総特集 ろう文化），青土社，8-17.

久世 敏雄・平石 賢二（1992）．青年期の親子関係研究の展望 名古屋大学教育学部紀要, *39*, 77-88.

Moroe, N. F. & De Andrade, V. (2018). 'We were our parents' ears and mouths': Reflecting on the language brokering experiences of hearing children born to deaf parents. *South African Journal of Child Health*, (1), s75-s78.

中井 好男・丸田 健太郎（2022）．音声日本語社会を生きるろう者家族の生きづらさ 見えないマイノリティによる当事者研究 質的心理学研究, *21*(1), 91-109.

中道 圭人・中澤 潤（2003）．父親・母親の養育態度と幼児の攻撃行動との関連 千葉大学教育学部研究紀要, *51*, 173-179.

中島 武史（2019）．コーダイメージと言語意識——移民の子どもとの類似・相違—— 社会言語学, *19*, 85-99.

中津 真美（2017）．聴覚障害の親をもつ健聴の子ども（CODA）の通訳における役割期待と親子の関係性に関する研究 筑波大学博士論文.

中津 真美（2022）．ヤングケアラーの中のコーダ——きこえない親をもつきこえる子どもの通訳の役割—— 村上 靖彦・澁谷 智子・朝田 健太（著） 現代思想（特集 ヤングケアラー），青土社，68-76.

中津 真美・廣田 栄子（2012）．聴覚障害者の親をもつ健聴の子ども（CODA）の通訳役割に関する親子の認識と変容 音声言語医学, *53*(3)，219-228.

中津 真美・廣田 栄子（2014）．聴覚障害の親をもつ健聴の子ども（CODA）における親からの心理的自立時期の長期化の要因 音声言語医学, *55*(2)，130-136.

中津 真美・廣田 栄子（2020）．聴覚障害の親をもつ健聴児（Children of Deaf Adults: CODA）の通訳役割の実態と関連する要因の検討 Audiology Japan, *63*(1)，69-77.

Pizer, Ginger. (2007). "It's like he can't be bothered": Ideologies of effort in CODA family narratives. In: *Proceedings of the Fifteenth Annual Symposium About Language and Society-Austin*.

Preston, P. (1995). Mother father deaf: the heritage of difference. *Social Science & Medicine*, *40*(11)，1461-1467.

Preston, P. (1994). *Mother father deaf: Living between sound and silence*. Harvard University Press.
　　（プレストン，P. 澁谷 智子・井上 朝日（訳）（2003）．聞こえない親をもつ聞こえる子どもたち 現代書館）

Preston, P. (1996). Chameleon voices: Interpreting for deaf parents. *Social science & medicine*, *42*(12)，1681-1690.

澁谷 智子（2009）．コーダの世界——手話の文化と声の文化—— p. 24，医学書院.

澁谷 智子（2018）．ヤングケアラー——介護を担う子ども・若者の現実—— p.5，中央公論新社.

Singleton, J. L. & Tittle, M. D. (2000). Deaf parents and their hearing children. *Journal of Deaf studies and Deaf education*, *5*(3)，221-236.

谷井 淳一・上地 安昭（1993）．中・高校生の親の自己評定による親役割診断尺度作成の試み カウンセリング研究, *26*(2)，113-122.

寺崎 正治・岸本 陽一・古賀 愛人（1992）．多面的感情状態尺度の作成 心理学研究, *62*(6)，350-356.

渡邉 賢二・平石 賢二・谷 伊織（2020）．児童期後期から青年期前期の子どもと母親が認知する養育スキルと母子相互信頼感，子どもの心理的適応との関連——母子ペアデータによる検討—— 発達心理学研究, *31*(1)，1-11.

山口 利勝（1997）．聴覚障害学生における健聴者の世界との葛藤とデフ・アイデンティティに関する研究 教育心理学研究, *45*(3)，284-294.

【著者紹介】

中津 真美（なかつ・まみ）

東京大学バリアフリー支援室特任助教。筑波大学大学院人間総合科学研究科生涯発達科学専攻博士課程修了。博士（生涯発達科学）。青少年を対象とした福祉・教育領域の現場勤務を経て，2005年，東京大学バリアフリー支援室に入職。障害のある学生・教職員への支援のほか，全学構成員へのバリアフリーに関する理解推進のための業務に従事している。ろう者の父と聴者の母をもつコーダであり，コーダの親子関係の心理社会的発達研究にも取り組む。J-CODA（コーダの会）所属。専門領域は，聴覚障害学，障害者支援，家族支援など。主な著書・論文に，『障害学生支援入門──合理的配慮のための理論と実践』（共著・金子書房，2022），『特別支援教育・療育における 聴覚障害のある子どもの理解と支援』（共著・学苑社，2021），「ヤングケアラーの中のコーダ──きこえない親をもつきこえる子どもの通訳の役割」（『現代思想』2022年11月号掲載）などがある。

**コーダ**
きこえない親の通訳を担う子どもたち

2023年12月25日　初版第1刷発行　　　　　　　　　［検印省略］

著　者　中 津 真 美
発行者　金 子 紀 子
発行所　株式会社　金 子 書 房
　　　　〒112-0012　東京都文京区大塚3-3-7
　　　　TEL　03-3941-0111㈹
　　　　FAX　03-3941-0163
　　　　振替　00180-9-103376
　　　　URL　https://www.kanekoshobo.co.jp
印刷／藤原印刷株式会社
製本／有限会社井上製本所
装幀／mammoth.
装画／ミカヅキユミ
本文組版／株式会社APERTO